Elles

A Bilingual Anthology
of Modern French Poetry by Women

Elles introduces English-speaking readers to some of
the best French poetry published by women over the
last twenty years. Martin Sorrell has chosen work from
seventeen distinctive and diverse poets and provided
lively translations alongside the originals. Each poet
introduces herself with an essay on her conception of
poetry and her own position as a writer.

Martin Sorrell is Senior Lecturer in French at the
University of Exeter. Several of his translations of
French poems have been broadcast on BBC Radio. In
his Introduction to *Elles*, he situates the poets in their
context and discusses the issues which confronted him
as compiler and translator, not least as a man respond-
ing to creative work written by women.

Jacqueline Chénieux-Gendron is Director of Re-
search at the Centre National de la Recherche Scien-
tifique in Paris, and is a leading specialist in modern
French literature.

Elles

A Bilingual Anthology
of Modern French Poetry by Women

Compiled and translated by
Martin Sorrell
with an afterword by
Jacqueline Chénieux-Gendron

UNIVERSITY
of
EXETER
PRESS

First published in 1995 by
University of Exeter Press
Reed Hall, Streatham Drive
Exeter, Devon EX4 4QR
UK

British Library Cataloguing in Publication Data
A catalogue record of this book is available
from the British Library

ISBN 0 85989 448 7

Typeset in Plantin Light
by Colin Bakké Typesetting, Exeter

Printed and bound in Great Britain
by BPC Wheatons, Exeter

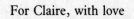For Claire, with love

CONTENTS

'Voyez comme aujourd'hui les femmes ont l'honneur'
(Soeur Anne de Marquets, 1533–1588)

'A mesure que le sommeil abandonne mes paupières,
je sens, dans tout mon être, un doux frémissement
qui m'annonce une saison nouvelle'
(Marie-Emilie de Montanclos, 1736–1812)

INTRODUCTION

THERE exists a very substantial body of poetry written or published by Frenchwomen during the last twenty years. If their books do not vanish from sight, then they may persuade future literary historians that this period was something of a golden age. It was not always so. Look back down the centuries and it is no easy matter to discover the names, let alone the work, of more than a handful of women poets. The irony is that, probably as a direct consequence of their rarity, such as did exist have acquired virtually iconic status. The most ancient perhaps are the most revered. Christine de Pisan, Marguerite de Navarre, Louise Labé are remote and secure in their late Medieval and Renaissance fastness. Then, after almost three centuries of apparent infertility, we meet: Marceline Desbordes-Valmore, richly romantic and Romantic; Louise Ackermann, nineteenth century as well, full of pre-modernist *angst*; Anna de Noailles, twentieth century but still Romantic and Classical; Catherine Pozzi, sharply modern but rooted nonetheless in the Renaissance; Marie Noël, innocently at large in this cruel century; Adrienne Monnier, powerful and unflamboyantly modern; Louise de Vilmorin, worldly and self-mockingly modern; Joyce Mansour, in touch with Surrealism's raging violence.[1]

This cannot be called a long list, stretching as it does over five centuries. Within it, what is more, certain names are scarcely famous. The question which asks why so many women writers are forgotten, a question now properly established in academic enquiry, ensures that it is no longer possible to discard inconvenient writing simply as bad: the

1

proposition that much women's writing has not lasted because of its poor quality surely has been seen off once and for all.

The several reasons—artistic, social and cultural—for the recent burgeoning of poetry by Frenchwomen obviously must tie in with the evolution of the status of women in the post-Gaullist period. The events of May 1968, swiftly followed by the political and then the physical demise of de Gaulle, were crucial in the history of French feminism. If Christiane Rochefort, Julia Kristeva, Hélène Cixous, Monique Wittig, Ariane Mnouchkine and others had been doing major work during the 1960s (following on from Marguerite Duras's in the 1950s and of course Simone de Beauvoir's from the late 1940s), the turning-point must have come as the 1970s began. In 1970 a number of key episodes cleared a way forward. Various small women's groups merged, strengthening the sense of an organized movement; Monique Wittig, Christiane Rochefort and others placed on the tomb of the unknown soldier in Paris a wreath bearing the dedication 'to the unknown wife of the soldier'; and the initials MLF, standing for Mouvement de Libération des Femmes, gained instant and universal recognition.[2] Thereafter the 1970s developed into one of the most significant decades for the women's movement in France, years rich in activity—including the appointment, in 1974, of Françoise Giroud as the country's first Secretary of State for Women's Issues—and in written work of seminal importance. Its history has been well charted.[3]

However, before the end of the decade a certain reaction had set in against the more uncompromising attitudes of feminism. A distinction was emphasized between 'écriture féministe' and 'écriture féminine'. The translation of the second term is not 'feminine' (with all its English resonances), but 'pertaining to women'. It is easy to conclude that, with few exceptions, French women poets of the last twenty years have considered themselves either as 'féminine' or as above and beyond gender, as 'pure' writers, first and last, whose gender is immaterial. Certainly this is how it appears. The most important feminist press in France, Editions des femmes, has published hardly any poetry. Two poets it *has* published, Xavière Gauthier and Jeanne Hyvrard, stand out.

There seems to be no poetry like theirs after the collections they brought out in the mid- and late 1970s. What this lacuna demonstrates, as does these two women's significant production of prose writing, is that poetic expression has been less consonant with recent French feminism than have, for example, the prose essay, the novel and the short story.

Is it, therefore, that 1970s feminism gave heart and voice to numbers of women poets in France who themselves happened not to be committed feminists? Their high incidence in the 1980s and 1990s might well support this thesis. Whether or not their poetry is organized around any unifying principles of 'écriture féminine' perhaps will be for future critics to determine. It is probably less easy to define a 'féminine' ideology than a feminist. But any ideology of the 'féminine', no less than feminism, must ask how women can appropriate male-dominated language and change it, from its substructures upwards. The problem has been explored by Jan Montefiore in England and by *Les Cahiers du Grif* in France.[4] It seems to interest some of the poets represented in this anthology, but clearly is immaterial for others. Marie-Claire Bancquart, for one, bases her thinking and her writing on the premise that the feminine and the masculine co-exist in all of us, and that to 'fracture' the sexes is to tear apart individuals and thus society in the most horrible way.[5] In its second issue, published in 1993, the review *Nouvelle Donne*, whose focus is the short story genre, ran an article which queried the existence both of 'écriture féminine' and of feminism in 1990s France. It went on to cite Hélène Cixous, Benoîte Groult, Muriel Cerf, Marie Cardinal, Béatrice Didier, Françoise Collin and ... Anthony Burgess as bearers of different and sometimes conflicting truths. An inconclusive conclusion was reached which implied that the status of women in France now meant that they could rise serenely above gender matters. Marina Yaguello was quoted, to the effect that she found the writer's task difficult enough to have time to consider gender differences. However, the article did lay modest foundations for a 'féminine' ideology by referring to something else Yaguello has said. To paraphrase her: the way to establish 'féminine' writing in a masculine culture and to make sure it gains respect is by imposing values which simultaneously are 'féminine' and capable of being made universal.

The conjunction of the partial and the general marks perhaps an important distinction between 'féministe' and 'féminine'.

As far as one can judge from book reviews in the quality French press, the reading public and its makers of taste are now less interested in feminist poetry than in a 'féminine' kind, and less moved to enjoy the latter than to prove it does not exist. If it can be put thus, gender neutrality is exerting a centripetal force. A review in *Le Monde des Livres* of 22 February 1992 prefaced its criticism of poetry collections by Jacqueline Risset, Marie-Claire Bancquart, Anne-Marie Albiach and Jeanine Moulin with a challenge to the notion of gender specificity in writing. The critic, male, described this specificity as both dubious and nowhere to be found. However, once he considered the four poets as individual writers, beyond gender, as it were, he had no difficulty in praising their work. The same critic, in the same journal exactly three years later, reviewing a number of anthologies including Liliane Giraudon's and Henri Deluy's *Poésie en France depuis 1960: 29 Femmes*, again dismissed the concept of specificity. Surprisingly—and this is illuminating—Giraudon's and Deluy's introduction does the very same thing. It claims with some passion that 'écriture féminine' does not exist, but goes on to affirm that, taken as a whole, poetry written by women *is* in the end different. The corporate poetry of women sets free 'a strange spectre' and makes 'a different sound'. These phrases remain unamplified. The paradox at the heart of Giraudon's and Deluy's position encapsulates much of current thinking in France on the issue of gender in poetics. The desire to be rid of any perceived separatist 'excesses' of 1970s feminism has not chased away the strange spectre nor neutered the voices of women writing as women.

*

Let me now strike a more personal note by discussing the criteria which determined the planning and elaboration of this anthology.

My earlier anthology of modern French poetry, for Forest Books in 1992, gave considerable space to poetry by women. Five of the eleven poets included were women. The response to my book suggested that there was interest in discovering more. So I set about a systematic trawl of the bookshops of the Latin Quarter and beyond. Within certain parameters (Paris is small, granted, but not *that* small), I left virtually no book unopened, no index unread, with the goal simply of doing a head-count: how many women poets were published over the last twenty to twenty-five years, and with what frequency did their books appear on booksellers' shelves? Second-hand bookshops were included, arguably more appropriate indicators of taste than major libraries, such as the Bibliothèque Nationale, whose holdings were not consulted.

If one can consider the display of books on the poetry shelves of Parisian bookshops a reliable guide, then the impression is reinforced that recent poetry by women has to take its chances alongside that of men. Apart from the Librairie des femmes and one or two other bookshops devoted to women, notably La Fourmi Ailée in the rue du Fouarré (bookshop and delightful tea-room in one), booksellers appear not to give prominence to women writers, let alone to women poets. Nevertheless, it is a fairly safe generalization that women poets are well represented in bookshops, certainly in Paris, and that while some names appear quite regularly, many others are also to be found on the shelves, often in slim volumes produced by small presses nowhere near the capital. In that respect, the French poetry 'scene' is as vibrant and diversified as it is in the UK, if ideologically different in matters of gender.

The results of my trawl, spread over the first two months of 1994, were quite a surprise. The assumption, made by academics and general readers, on both sides of the Channel, and I admit by myself, that the tally of modern French women poets in print or still available would be ten to fifteen, was wildly out. I brought back to Exeter work by fifty-eight poets. A substantial proportion of these had more than one book of poems to their name. I also had in my pocket a list of a further twenty names or so, and more have been added since. A certain number of these poets were women who were born outside France, usually in countries with a francophone tradition, such as Belgium, Luxembourg, Canada, Egypt and the Lebanon.

The pleasure of discovering so many poets carried with it the necessity of selection. There is no need to rehearse here the pros and cons of anthologies, the ambition to be fair and balanced, subverted by subjectivity masquerading as its opposite ... And now there was another issue, ideologically more fraught. Could and should a man translate and publish a selection *he* had made of women's poems? My affirmative came about only after discussion with women colleagues, friends, acquaintances and with the poets themselves and their publishers. One person was wholly opposed; a few had certain reservations, but most, including colleagues involved in women's studies, were in full support. On Bancquart's and Yaguello's principle of re-joining the sexes, the consensus was that the way men read and translate women ought to be no more of an issue than the way women read and translate men, and should be as instructive. To debar translation on the grounds of gender difference was to beckon the demon of censorship.

How, then, to pick fifteen or twenty poets from my final list of over eighty? The need was to represent the field as fairly as possible. I wanted to set a 'big' name such as Marguerite Yourcenar[6] alongside one less known, writing a different kind of poetry—Jo-Ann Léon, for example. Or Gisèle Prassinos alongside Claude de Burine, or Andrée Chedid with Geneviève Bon. As some important poets inevitably could not be included, where possible those omitted should already have a good profile in the English-speaking world, or there should be plans elsewhere to publish English translations of their work. Thus, Joyce Mansour, Anne Hébert, Anne-Marie Albiach, Danielle Collobert, Marie Etienne and others.

In the end, seventeen poets were chosen. Not for a moment will I deny that personal taste has played its part in my selection. I hope, simply, that any acts of approval or displeasure have gone on in my unconscious, which I have not yet learned to control. I have tried to be even-handed. What I hope this anthology makes heard is a variety of distinctive and powerful voices, each saying something different, and saying it differently; and that there is thus a variety of tone and register. Let me add that one criterion I did not adopt was that of the poets' ages. I was not concerned with representing any specific generation of poets. Nor did I have an *a priori* requirement to provide an ethnic mix, although it turned out that the backgrounds of these seventeen are rich and varied, stretching from the Middle East to the United

States of America to South America. Initially, what I did was to determine whether the poets were French-born, or lived or had lived and worked in France. My request for the poets' biographies (not often given in their published collections), as well as their essays on poetry and their photographs, came later.

★

I would like to think that my translations have rendered in English what is going on in the French. I happen to believe that poems often are best served by free translation, very free even. Naturally, not everyone agrees. Ideally, original poems should be printed alongside both literal and free translations. The literal approach is most obvious in the plain prose translations which appeared underneath the originals in the old Penguin Poets series, and which (in Oliver Bernard's 1962 selection of Rimbaud, for example) rendered in prose the original's verse. The free approach has yielded quantities of authentic poems in English, often labelled 'versions', or described as 'after' or 'from the French of' such and such a poet. So many examples spring to my mind; Martin Bell's wry translations of Corbière; Ciaran Carson's extraordinary version of Rimbaud's *Le Bateau ivre*; Paul Staniforth's electrifying re-workings of some of Laforgue's *Pierrot* poems; and, outside French, that trilogy of 'accounts' of Homer's *Iliad* by Christopher Logue, towering achievements of English poetry even if the Greek truth has been subjected to some embroidery.

I have found to my surprise that a large number of the poems I worked on with this anthology in mind—many more than finally appear—went straightforwardly into English. Lucid syntax, grammar, vocabulary; minimal imagery and metaphor; bold, clear yet subtle ideas; a prosody close at times to prose, all permitted faithful translation where nothing else was needed. Among the selection offered in these pages, Leslie Kaplan probably best exemplifies these characteristics. At the other end are the poets who in my view needed to be translated freely to protect the life of their poems; Jo-Ann Léon, Gisèle Prassinos and, to a lesser extent, Marguerite Yourcenar. Thirteen more come somewhere in between.

Seventeen poets do not quite make a panorama, perhaps, but they do offer an excellent view. I have been struck by the sheer range, the inventiveness of these poets, and of the sixty and more left out. With rare exceptions, the poems offered in this anthology have grown on me during the many months of reading, re-reading, translating and re-translating them. Their strength and their diversity continue to catch me by surprise. If I find any generalization possible, it is that nuance, irony, wit and power eschew bluntness, pyrotechnics and polemics, and that several truths will not yield their ground to The Truth. What I have found are individuality and plurality, a range of unique and astonishing voices, and it has been my aim to present to English-speaking readers some fine work which represents the last two decades of French poetry written by women.

I have interpreted the poems only in so far as translation is the beginning of interpretation. Jacqueline Chénieux-Gendron provides analysis in the searching essay which closes the book. She discusses the seventeen poets, Classical myths concerning sisters, and masculine and feminine approaches to language. Finally, via Luce Irigaray, Marina Yaguello and Jacques Lacan, she moves towards a theory of *la parole féminine* [women's expression], elaborated on a Nature metaphor taken from Dante.

Neologisms, oddities, apparent errors in French and English are meant to be there, flagged if appropriate ('[*sic*]'). To avoid suggesting a hierarchy of age or importance, the order in which the poets appear is alphabetical. With a few exceptions, each is represented by poems from a single collection. I am also the translator of the poets' notes and essays and of the afterword.

My thanks go to a couple of bodies and to many people. The poets themselves have been generous with their time, elucidations and self-portraits in words and pictures. Years ago (and he may not remember this), Malcolm Cook gave me a lead which was to culminate in my first anthology. Other Exeter colleagues have helped this book along, notably Sally Wallis, who has written the essay on Marguerite Yourcenar. Jo McDonagh, Lesley Sharpe, and Keith Cameron have done much to make sure that my original proposal turned into a book. Juliet Curry, too, has been most helpful, as have Mary

Orr, David Cowling, Mark Davie and Richard Langham Smith. In Paris, where I spent the study leave kindly granted by my University and generously supported by the British Academy (these are the two bodies), Madame Auffray and her staff were as hospitable as always, as was my aunt, receiving and feeding me in her *15ᵉ arrondissement* eyrie. Alain and Myrna Champeaux provided their usual entertainment. Jacqueline Chénieux-Gendron made time in her impossible schedule to meet me, and later to write her afterword. Stephen Minta and Jane Tyler organized a most productive meeting with Nicole Ward Jouve in York. Ian Higgins in St Andrews and Michael Worton in London have been most encouraging. Early in the project, Noé Mendelle in York and Elizabeth Fallaize in Oxford signposted my course of secondary reading. It has been a joy to work in close association with Simon Baker, Genevieve Davey and Richard Willis at the University of Exeter Press. Courteous, civilized, even-tempered, all of them, all of the time. Jane Nicholl Kearns has contributed not only the drawing of Claude de Burine but also some most valuable suggestions for this Introduction. Yet again, Liza Kapff has been a copy-editor and proof-reader of utmost precision; yet again, she has been much more besides. Liza's knowledge and understanding of poetry are exhilarating. Her grasp of the French originals, and her comments on my translations of both poems and essays, have been indispensable.

My mother has been tonic in recent sad times, Micou and Neil too.

My enduring regret is that my father, such a fine linguist, did not live to receive his copy.

To all, thank you.

Notes

1. These thumbnail definitions are adapted from those given by Régine Deforges in her anthology *Poèmes de Femmes* (Le cherche midi, 1993). A largely uncritical book, it has the virtue of giving a brief glimpse of the work of some hundred and thirty French women poets, from the twelfth century to the 1990s. See also the anthology edited by Jeanine Moulin, *Huit siècles de poésie féminine* (Seghers, 1975), which includes some forty poets of the twentieth

century, mainly from the earlier half. In an absorbing introduction which, oddly, she divides into ten numbered sections, Jeanine Moulin addresses aspects of gender difference in writing. Troubled as she is by some of feminism's implications, she seeks to define women's specificity in another way, under the heading of a word which took root after May '68: *féminitude*. Her conclusion is that a *rapprochement* between the sexes must be postulated on a notion not of equality but of complementarity.

2. The chronology of French feminism on which these remarks are based is to be found in Elaine Marks and Isabelle de Courtivron, *New French Feminisms*, Harvester, 1981, pp. 10–27.

3. Again, see Marks and de Courtivron, especially their selected bibliography.

4. Jan Montefiore, *Feminism and Poetry: Language, Experience, Identity in Women's Writing*, Pandora, 1987. *Le Langage des femmes*, *Cahiers du Grif*, Editions Complexe, 1992. The first francophone feminist review, under the title of *Cahiers du Grif*, was launched in 1973; its general editor is Françoise Collin. See also K.K. Ruthven, *Feminist Literary Studies*, Cambridge University Press, 1984 and 1990.

5. Marie-Claire Bancquart, 'La Parole du poète', *Revue des Deux Mondes*, November 1993, pp. 135–43.

6. Although Marguerite Yourcenar's poems date from no later than the 1960s—some from considerably before that—they were difficult to obtain until Gallimard published a new edition of *Les Charités d'Alcippe* in 1984. Her work as a poet is hardly known in the UK. The position is better in the USA, of course. Note also the series of very short poems entitled *Les Trente-trois noms de Dieu* which Yourcenar wrote in 1982.

Marie-Claire Bancquart

Biographie:

Née à Aubin (Aveyron) 1932. Mariée au compositeur de musique Alain Bancquart.

Professeur de littérature à l'Université de Paris-IV (Sorbonne), où elle est responsable du Centre sur la poésie française de 1945 à 1970; a publié des essais sur Paris chez les surréalistes (Seghers) et Paris fin de siècle (La Différence), des éditions commentées de Maupassant, l'édition des

11

œuvres d'Anatole France en *Pléiade*, des essais sur ces écrivains (le dernier: *Anatole France* dans la collection *Ecrivain/Ecrivain*, Julliard, 1994), et des colloques et articles sur la poésie française contemporaine (les derniers articles ont paru dans le numéro de juillet 1993 d'*Obsidiane* sur Frénaud: *Genèse du «Cheval de cirque» de Pierre Bonnard*, et dans le numéro d'*Ibis*, Bologne, hiver 1993, sur Jean Tardieu: *L'Epaisseur des grands feuillages muets*).

Prix Sainte-Beuve de la critique; Prix de l'essai critique de la ville de Paris; Grand Prix de critique de l'Académie française.

Essai:

Pour moi, la poésie *dérange*. Elle fait appel contre la dégradation de la langue, en essayant de redonner leur pleine saveur aux mots et de supprimer les liaisons syntaxiques de «causalité» rationnelle. Elle fait appel contre la dégradation du corps, de l'âme, engagés dans des utilisations commerciales ou terroristes. Elle dit violemment, et la présence des choses, et un ailleurs des choses. C'est, comme dit Bachelard, une métaphysique de l'instantané. La poésie demande du travail: elle est donc aussi un artisanat, de quelque «école» qu'elle se réclame. On n'a pas à fermer les yeux devant elle et à proclamer que l'inspiration est impénétrable. Ce n'est pas vrai: tout bon poème, étant aussi artisanat, peut s'analyser jusqu'à un certain point, et être éclairé pour un public mal préparé. Mais seulement jusqu'à un certain point. Reste l'«infracassable noyau de nuit», la solitude du poème devant celle du lecteur.

Ma poésie se confond avec une expérience vitale. Interrogation sur notre origine, sur notre place «intenable», dans un monde à la fois somptueux, et livré au désordre et au mal: le mal, la mort, problèmes qui hantent et qui sont insolubles ... la preuve, c'est qu'on recommence sans arrêt à essayer de les résoudre. J'ai le sentiment qu'un au-delà est impossible, qu'il est disqualifié par le noir de ce monde. Mais en même temps il m'apparaît fortement comme nécessaire, car nous sentons l'appel vers un «ailleurs».

J'écris donc adossée à la mort, et à sa petite monnaie, maladie, vieillissement. Peut-être de très graves maladies de jeunesse m'ont-elles pour toujours orientée ainsi. Mais ce n'est pas du tout morbide. Je ressens d'autant plus l'amour du monde si doux dans le quotidien, si violent dans le plaisir; la présence du corps blessé, mais traversé de joie et magnifié. S'il y a une évolution dans ma poésie, c'est vers un apaisement et une sensualité. Passage toujours inquiet de l'ombre à la lumière, du nocturne au diurne ...

Je ne sépare pas le «dit» du «dire», qui est un constant travail. Nommer juste, direct, violent, avec une charge d'images. Je voudrais rendre sensibles les intervalles les plus minces possibles entre les choses et les gens, et à l'intérieur des choses et des gens. Ils correspondent à notre impression d'être à la fois «à distance» et «en union».

Je m'intéresse beaucoup à la mythologie (qui comprend pour moi le christianisme, puisque je suis agnostique). Surtout celle de notre civilisation occidentale, qui m'a formée. Je suis frappée par le fait que toute histoire mythologique comprend à la fois un recours à un «ailleurs» et des détails très matériels (les pieds enflés d'Œdipe, Jésus jardinier); c'est par là qu'elle me semble être élément possible de la poésie. Tantôt grâce à elle, tantôt autrement, j'écris un cahier de réclamations qui est aussi une célébration. Etant entendu que le «je» en poésie, c'est tout le monde! La saveur des choses et la mort sont communes à tous.

MARIE-CLAIRE BANCQUART

Biography:

Born 1932, Aubin (Aveyron). Married to composer Alain Bancquart. Professor of Literature, University of Paris-4 (Sorbonne). Director of the Sorbonne's Centre for French Poetry, 1945–1970. Has published essays on the Paris of the Surrealists (Seghers); *fin de siècle* Paris (La Différence); critical edition of Maupassant; has edited Anatole France's work for the Pléiade edition (Gallimard); written articles on these writers (the last to appear: *Anatole France*, published in 1994 by Julliard in its *Ecrivain/Ecrivain* series); conference papers, articles on contemporary French poetry (most recently, in the July 1993 issue of *Obsidiane*, on Frénaud, *Genèse du «Cheval de cirque» de Pierre Bonnard*; and in the Winter 1993 issue of *Ibis*, Bologna, on Jean Tardieu, *L'Epaisseur des grands feuillages muets*).

Awarded Prix Sainte-Beuve (for criticism); Prix de l'essai critique de la ville de Paris (for critical essays); Grand Prix de critique de l'Académie française (for criticism).

Essay:

Poetry for me is something which *disturbs*. It will not accept the degradation of language; it fights to give back to words their full savour by wrecking the systematised rationality of syntax. It fights erosion of a body and a spirit trapped in commercial or terrorist uses of language. It speaks with violence for both the presence of things and for their other-ness, their 'elsewhere'. As Bachelard says, it is a metaphysics of the instantaneous. Poetry demands work; therefore it is also a craft practised by artisans, irrespective of what 'school' it belongs to. We are wrong to close our eyes and pretend that inspiration is a closed book. It is simply not true. As any good poem is a crafted piece of work, it can be analysed, at least up to a certain point, and elucidated for the untrained reader. But only up to a certain point. There still remains the 'unbreakable kernel of night', the solitude of the poem face to face with the solitude of the reader.

My poetry is intimately bound up with my understanding of life. It questions our origins, our 'untenable' place in a world which is at the same time sumptuous, unruly and evil. Evil and death are problems which will not go away and which have no solutions ... a situation underlined by our perennial need to go on seeking answers. My own feeling is that there cannot be any world beyond this one, that the blackness of this one rules it out. At the same time, it continues to seem to me an absolute necessity, driven as we are constantly to look for 'somewhere else'.

So, I write as it were backed up against death and its well-known warm-up acts, illness and ageing. Perhaps it is the serious illnesses I suffered as a child which have shaped my way of thinking. But my attitude is not in any way morbid. I have an especially keen love of the world as it manifests itself in its daily ordinariness, in the intensity of its pleasures. The body may be injured, but it is also suffused with joy and magnified by it. If my poetry has evolved in any way, it has been towards peace and sensuality. The transition from shadow to light, from night to day, always a tense moment ...

I make no distinction between 'what is said' and 'saying it'. The latter is unending work. Precise choice of words, direct, violent expression with a charge of images. My wish is to reduce to an absolute minimum those gaps which exist between people and things, within things and people themselves. These gaps correspond to our impression of being at one and the same time 'at a distance' and 'joined in union'.

I am very interested in mythology (for me this necessarily includes Christianity as I am agnostic). That is, the mythology of Western civilisation, which has shaped me. I have always been struck by the fact that any mythological story simultaneously uses distancing, an 'elsewhere', and thoroughly material details. For example, the swollen feet of Œdipus, or Christ working in the garden. It is this very phenomenon which makes mythology for me a valid and workable element of poetry. Sometimes thanks to mythology, sometimes thanks to other things, I fill my notebook with tough questions and demands—but this notebook is also a celebration. It goes without saying, of course, that the first person pronoun in poetry stands for everyone! The taste of things and death belong to us all, equally.

Selected bibliography:

POETRY:

Mémoire d'abolie (Belfond, 1978)
Partition (Belfond, 1981)
Opportunité des oiseaux (Belfond, 1986)
Opéra des limites (José Corti, 1988)
Sans lieu sinon l'attente (Obsidiane, 1991)
Dans le feuilletage de la terre (Belfond, 1994)

Prix de poésie Max Jacob, Prix Alfred de Vigny; member of Académie Mallarmé, of which she is assistant general secretary; member of jury for Prix Max-Pol Fouchet.

NOVELS:

L'Inquisiteur (Belfond, 1981)
Les Tarots d'Ulysse (Belfond, 1984)
Photos de famille (François Bourin, 1989)
Elise en automne (François Bourin, 1991)
La Saveur du sel (Bourin/Julliard, 1993)

Malade

Fidèle à la fable
qui ferait vivre un dieu dans le soleil étroit
elle tourne son regard vers le carrefour des feuilles.

Elle n'a pas le choix de la douleur
qui veille entre son cœur et son épaule.

Semblable aux cailloutis de la route
où les fragments se sont accommodés
lentement
les uns aux autres
son corps se fait à une incantation nouvelle
de pierre et d'arbre
dans les couloirs du sang visités par une brûlure.

Simple

Troué de ciel et d'oiseaux
l'arbre bouge sur nos ombres.

Le murmure des étoffes
répond à l'herbe froissée.

Une pomme douce croît
et le rêve des nuages
est moins rapide que l'eau.

Une veine de la terre
va se couvrir de nos corps.

Démaquillée d'heures la vie
rentre dans l'ordre végétal.

Unwell

Faithful to the fable
which has a god living in the sun's vice
she turns her eyes to the crisscross of leaves.

She's in no position to refuse the pain
keeping vigil between heart and shoulder.

Like gravel on a road
where the chippings have reached an understanding
slowly
among themselves
her body adjusts to a new incantation
of stone and tree
in the corridors of her blood where a burn does its rounds.

Simple

Latticed by birds and sky
the tree moves on our shadows.

The murmur of fabric
answers crushed grass.

A sweet apple grows
and the dream of clouds
is slower than water.

Our bodies will cover
a vein of earth.

Minus its make-up of hours life
takes its place once more in the order of plants.

Christ jardinier

I. Brusquement son visage dans celui du jardinier
brusquement sa main tenant un chapelet d'ail et de seigle
sa parole un peu durcie, paysanne.

Le corps n'est plus désert. Le temps se mesure
en boue et plumes. Le Christ maintenant fidèle à sa vie
regrette une lumière indécise d'enfance.

A tombeau ouvert
le ciel approche
le dérobe aux regards de la femme.

Elle égrène à présent sur l'ail et le seigle
un silence de Magnificat.

II. Elle serre un souvenir
à rendre le souffle.

Au fond de ses lombes et de ses poumons
le mort silencieux a élu présence.

Au miroir
elle efface son corps dans le crépuscule
elle s'étonne en voyant son propre visage.

Parmi les choses de longtemps s'enracine en elle
la tendresse d'un Dieu bouturé.

Christ in the Garden

I. Abruptly his face in the gardener's face
    abruptly a rosary of garlic and rye in his hand
    his language now rougher, his peasant-talk.

    The body's no longer a desert. Time is measured
    in mud and feathers. Christ now keeping faith with his life
    misses the uncertain light of childhood.

    Open-tombed
    heavens approach
    spirit him away from the watching woman.

    And now on the rye and garlic she tells
    a beaded silence a Magnificat.

II. She hugs tight a memory
    enough to squeeze out breath.

    Deep in her loins and in her heart
    silent death has planted its flag.

    At the mirror
    she cancels her body in the half-light
    astonished at the sight of her own face.

    Among long-established things
    the tenderness of cuttings
    taken from a God
    spreads roots in her.

Retour d'Ulysse

Ulysse tue les prétendants près d'un fragile bol de lait
qu'une servante
aux seins désormais traversés de flèches
serrait
tout blanc.

Surprise dans les yeux des cadavres.

Surprise au cœur d'Ulysse :
avoir tant erré pour trouver ce retour,
sa femme à peine reconnue, la servante massacrée par erreur.

Il se reprend. Tendresse
du métier à tisser
du lit
du soleil sur le lait.

Le long périple aux monstres
c'est
maintenant
le doigt qui suit au bord du bol un rivage toujours d'exil

la figure qui se regarde
en étroit liquide

et ce qu'il faut de ciel pour bleuir le lait autour d'elle.

Return of Ulysses

Ulysses kills the suitors close to a fragile bowl of milk
which a servant
with breasts henceforth pierced by arrows
was clasping
in its whiteness.

Surprise in the corpses' eyes.

Surprise in Ulysses's heart:
that great odyssey for such a homecoming,
a wife barely recognised, a servant butchered in error.

He collects himself. Tenderness
of the loom
of the bed
the sun on milk.

The long voyage crowded with monsters
now
is
a finger tracing exile's endless shore around the bowl's rim

the face reflected
in confines of liquid

and enough blue sky to tint the milk around it.

L'escalier

Mon grand-père est mort dans cet escalier, un soir.

Il se nouait aux marches par un mariage mystérieux.

L'arbre ancien déchiffrait en lui des restes de présence :
le poil qui pousse
la salive pas sèche.

Il l'aidait à passer.

Et quand on disposa le cadavre sur un lit
c'était déjà notre étranger.

Ancien mineur, il boise
maintenant
sous nos pieds
notre future mort.

Cri

Complément noir du monde
ma maison
n'a jamais été le sein maternel que vous dites.

C'était mort le sein maternel
avant
le rejet dans la mort.

Sous les étoiles clignotantes
sous le poids des nuages
rejet.

Des fleurs se prolongent sous la lampe en ombre difforme
un fragment de mon rôle apparaît :
ménagère?
non, amoureuse?
non, savante?

Et quelque chose sort de moi qui ressemble pourtant à un chant
non, à une prière
non, à l'oraison pour une sérénité du vivant.

The stairs

My grandfather died on these stairs one evening.

He was binding himself to the steps in mysterious marriage.

The ancient tree deciphered remains of his presence:
the beard growing still
the still-moist saliva.

It helped him to *pass*.

And when the corpse was laid out on a bed
it was already our stranger.

Once a miner, now
beneath our feet
he timbers
our death to come.

Cry

Black complement of the world
my house
was never the mother's breast you claim.

It was dead the mother's breast
before
discharge into death.

Beneath the flickering stars
beneath the weight of clouds
discharge.

Flowers go on in the lamp's twisted shadow
a fragment of my rôle appears:
housewife?
no, woman in love?
no, highbrow?

And something issues from me something like a song
no, a prayer
no, an oration for a life's serenity.

CHRISTIANE BAROCHE

Petite biobibliographie bien tempérée . . .

Je suis née à Paris, le 20 janvier 1935, de parents également parisiens, mais de souche alsacienne pour ma mère, et lorraine pour mon père.

J'ai fait des études supérieures de sciences naturelles, plus exactement de pharmacie, sans les terminer, par «arrêt de l'arbitre» en la matière, c'est-à-dire pour des raisons familiales et financières. J'ai pu cependant entrer dans un laboratoire d'hormonologie en tant qu'ingénieur, et n'ai jamais quitté la recherche depuis, même si j'officie désormais dans un centre anticancéreux.

En 1970, après douze ans de recherches sur la génétique et la radiobiologie, j'ai éprouvé le besoin de concéder à une vieille passion: la littérature, et je me suis mise à écrire en vue de publication, ce qui n'avait pas été le cas jusque-là. Après divers tâtonnements du côté de la critique et de la lecture professionnelle chez Gallimard, j'ai trouvé ma voie et ma voix dans la nouvelle. Je reste une «fan» des textes courts, même si, depuis quelques années, je me tourne également du côté du roman.

Après quinze livres parus, je me sens le droit de continuer et j'ai donc en chantier depuis dix ans un «roman» très présomptueux puisqu'il s'agit d'une refonte de l'Ancien Testament s'intitulant *Le Dernier Testament* et qui risque d'être posthume au train où je vais — ainsi qu'un roman plus classique, une histoire de vie et de mort, comme d'habitude; il s'appelle, pour l'instant: *Le Bal des feintes*. Bien sûr, la nouvelle me travaille toujours, et j'ai envie d'aller tâter du côté de l'Irrationnel et du Fantastique. Cela ne suffit pas, je travaille également sur un roman d'amour, — mais il s'agit de chevaux — *La Rage au bois dormant*, — qui s'étalera sur les soixante années des vies de deux femmes.

Tout ça n'empêche pas les besoins de l'actualité, et j'ai donc sorti, après un récit chez Grasset, *Le Boudou* où je redonnais vie à mon grand-père très aimé, un roman intitulé *Les Ports du Silence* qui se passe en Provence, dans le Païs Arlaten où je me suis installée depuis dix-huit ans, et chez Julliard, dans l'Atelier de Jean Vautrin, un recueil de Nouvelles intitulé *Bonjour, Gens heureux*. Après ... qui vivra verra.

Essai:

La Poésie, pour certains, est le lieu même de l'expression, ils ne cherchent pas ailleurs. Ce n'est pas mon cas. A son sujet, je fais mienne en la déformant la formule de Valéry: «La poésie est un cri suivi d'un développement». Je la déforme en la dédoublant; pour moi, elle s'arrête au cri. Ma poésie sera donc brève, jaculatoire [*sic*], rare; Dieu merci, je n'ai pas à crier souvent.

Le développement naîtra avec la prose et la fiction. Il traquera logique et cohérence, et signera l'apaisement nécessaire, peut-être inévitable. Toute souffrance élargie jusqu'à se confondre avec un personnage romanesque, se dilue. Je crie, je hurle, je souffre en dix lignes ... et puis j'invente, glissant l'origine de la douleur entre chair et peau, surveillant les effets et les remèdes, pour redevenir spectatrice de ce qui m'était insupportable. La poésie est toujours l'amorce de mes thérapies; avec elle, j'évacue le pire, je l'introduis dans ces «autres» ne dolorisant que sur le papier, de cette manière je l'expulse ou le neutralise.

La Poésie, en définitive, est la panacée de mes maux, et le mot tout seul me «fait» déjà du bien à le prononcer.

Qu'ajouter à cela? Parmi les vrais poètes, je veux dire ceux qui s'en tiennent à la seule Poésie pour faire taire l'insoutenable en l'exprimant, j'en lis beaucoup mais n'apprivoise — c'est humain — que ceux qui me ressemblent, en ce qu'avec Elle, ils cautérisent des plaies vives, puis s'en vont «guéris» ... jusqu'à la fois d'après. Nerval, Baudelaire, Bonnefoy, Lemaire, Noiret, Broussard, Tixier, Lovichi. Leiris est celui dont je me sens proche jusqu'à la gémellité.

Oui, qu'ajouter à cet héritage d'armures et de boucliers, quand on ne sert pas la Poésie mais que l'on s'en sert? La honte? Allons, elle n'en demande pas tant!

CHRISTIANE BAROCHE

A short well-tempered biobibliography ...

I was born in Paris on 20th January 1935, of Parisian parents. My mother was from Alsace, my father from Lorraine.

I did advanced studies in biological sciences, pharmacy to be precise, but did not finish, for family and financial reasons. Nonetheless, I was able to start work as a technician in an endocrinology lab, and I have been engaged in research ever since. Now, I have a post in a cancer research centre.

In 1970, after twelve years working on genetics and radiobiology, I felt it was time to indulge a long-established passion: literature. So I began to write in the hope of getting published, something new to me. After false starts in criticism and as a reader for Gallimard, I found my direction and my voice in short stories. I have remained a devotee of short texts, even though in the last few years I have been writing novels as well.

With fifteen books to my name, I feel established enough to do more, and so for the last ten years I have been working away at a very presumptuous 'novel', a re-working of the Old Testament, entitled *Le Dernier Testament* [*The Last Testament*], and which could well become posthumous at the rate I am going. I am also doing a more classical novel, as always a story of life and death. Its provisional title is *Le Bal des feintes* [*The Ball of Fakes*]. Still the short story niggles away, and I am tempted to take off on a flight into the Irrational and the Fantastic. But that is not enough; I am working on a romantic novel—about horses—*La Rage au bois dormant* [*Sleeping Rage*, a word-play on Sleeping Beauty], which spans the sixty years of two women's lives.

As none of this meets the call of the here-and-now, I have published a story with Grasset called *Le Boudou* in which I bring to life my much-loved grandfather, and a novel entitled *Les Ports du Silence* [*Ports of Silence*] which is situated in Provence, in the Païs Arlaten where I have lived for the past eighteen years. I have done a book of short stories with Julliard, entitled *Bonjour, Gens heureux* [*Hello, Happy People*] ... What next? ... only time will tell.

Essay:

Poetry for some is the place of expression itself, and they look nowhere else. Not so for me. I re-jig Valéry's aphorism, 'Poetry is a cry followed by development', and divide it into two. For me, it stops at the cry. My poetry therefore is brief, blurted out, spare. Thank God I do not need to cry out too often!

The development part is done in prose, in fiction. It tracks the steps of logic and coherence, and marks the necessary, perhaps the inevitable arrival of calm. Any suffering which is generalised enough to be absorbed in a fictional character becomes diluted. I cry, I yell, I suffer in ten lines ... and then I invent, sliding the origins of my pain between skin and flesh, keeping an eye on its effects and remedies, becoming once again a spectator of what I had found unbearable. Poetry is always the touch-paper of my various therapies. Poetry lets me get rid of the worst, I relocate it in those 'others' who 'dolorise' only on paper, and thus I expel or neutralise it.

Poetry, in the final analysis, is the panacea of my troubles, and the very word itself 'makes' me feel all the better for uttering it.

What can I add? Among the true poets, I mean those who use nothing but Poetry to silence the unendurable by expressing it, there are many I read. But (a human thing to do) I accommodate only those who resemble me in that they make Poetry cauterise open wounds, then go off 'healed' ... until the next time. Nerval, Baudelaire, Bonnefoy, Lemaire, Noiret, Broussard, Tixier, Lovichi. Leiris is the one I feel so close to that we could be twins.

So, what is my contribution to this armoury? What can someone add who does not help Poetry so much as help herself to it? A sense of unworthiness, perhaps? Come on, Poetry does not ask *that* much!

Selected bibliography:

POETRY:

L'Ecorce indéchiffrable (Collection *Sud*, 1975)
Du Vertige et du vent (Collection *Sud*, 1984)
Rimes intérieures II: A la tour abolie (Collection *Sud*, 1993)

NOVELS:

Plaisirs amers (Actes-Sud, 1984)
L'Hiver de beauté (Gallimard, 1987)
Les Ports du Silence (Grasset, 1992)

STORIES, SHORT STORIES ETC.:

Les Feux du large (Gallimard, 1975)
Chambres, avec vue sur le passé (Gallimard, 1978)
Un soir, j'inventerai le soir (Actes-Sud, 1983)
... Et il ventait devant ma porte (Gallimard, 1989)
Giocoso, ma non ... (Presses de la Renaissance, 1990)
Le Boudou (Grasset, 1991)
Le Collier (Albin Michel-Ipomée, 1992)
Bonjour, Gens heureux (Julliard, 1993)

C'est l'heure vide

C'est l'heure vide
où les femmes remportent les soupières
déjà les enfants bâillent à l'orée
des chambres

il pleut parfois
l'ennui s'accoude aux rambardes
les corps se lustrent sous l'orage
toujours le vent retombe
qu'on respire aux fenêtres ...

C'est l'heure ouverte aux cris
quand la soupe épaissit dans l'assiette
des autres
Peur des corps vides

La rue déambule au devant des lumières
l'angoisse court se farder
la danse agite les fumées
dans les tavernes où l'amour fait semblant
contre un juke-box qui hurle
MUSCLES!
Et le sexe devient médiateur des ténèbres.

Mais les noms s'effilochent
les ventres s'entrebâillent
anonyme femelle
petit mâle assotté de sa queue
On s'entrebaise sans s'écouter.
Déserts en instance désirs du hasard machinal

Ils repartent accolés
ou dos à dos
écuyers d'amertume

C'est l'heure où le Rhône au flanc des digues
est reposant comme un lit.

Empty hour

Empty hour
of women cleaning soup bowls
children already yawning
near bedroom doors

blusters of rain
boredom leans its elbow on the rail
patina of storm-washed bodies
still the wind drops
breathed in at the windows

The hour laid open to cries
when soup thickens in the plate
of others
Fear of empty bodies

The road strolls ahead of the lights
distress dashes on some make-up
dance sends smoke swirling
in bars where mechanical love stands
against a juke-box pounding out
MUSCLE!
And sex is the go-between of darkness.

But names fray
quick displays of bare flesh
anonymous female
small male besotted with his prick
Reciprocal solitary sex.
Imminent wastelands lust trip-switched at random

Off they go side by side
or back to back
saddled-up in bitterness

The hour when the Rhône winds down,
restrained within its walls,
a restful bed.

Attente ...

Attente
sauvagerie de l'amour juste prêté

Attente
la divertir et déjà ne plus aimer
autant.

Tomber de perte en perte
de moments occupés à s'occuper ailleurs
Grands vides où l'amour reste
au bord
frileux
garde-fou de l'impatience

Attendre ah
s'ouvrir aux minutes alourdies
aux envies qui s'empoissent
au désir émoussé
comme un vieux gréément s'ébarbe
au temps qui passe ...

J'ai mal à cet homme que j'ai cessé
d'attendre
il meurt
entre chien et loup
il recule à pas lents
mémoire infidèle abrasion de ses traits.

Et toi tu ne sais pas encore
la morne addition des défaites
quand on ne vous attend
plus.

Waiting ...

Waiting
savagery of love just lent

Waiting
divert it and at once no longer love
so much.

Tumble from loss to loss
moments occupied in being occupied elsewhere
Great chasms where love remains
at the edge
shivering
guard-rail of impatience

Wait ah
open up to minutes weighed down
to longings gone gluey
to blunted desire
like an old frayed sail thinning
with time ...

I hurt in this man I've ceased
waiting for
he's dying
in the murky light
backing slowly away
unfaithful memory abrasion of his features.

And you you don't yet know
that drab mounting-up of defeats
when no-one waits for you any
more.

Les bras étrangers

Nous ne dormions pas encore dans des bras étrangers
corps sans verrou
et déjà cherchant prison
La liberté s'alourdit vite
un vieux besoin de rassurance
une main sur la nuque
joug tendre avant le labour du temps ...
Vingt ans d'innocence à peine écorchée
et le reste d'abîme
je ne devinais pas qu'il était devant nous

Il y eut d'autres gouffres
dépôt de chagrins transitoires
pelures de regrets
un rien d'ordure
nécessaire
et la chaleur d'un corps
tout juste ami ...

Qui donc nous a jetés l'un contre l'autre
Toi seul arraché aujourd'hui
me laisse aux rives
accores

Je dors encore parfois
dans d'autres mains
pour le plaisir
pour la douleur de ma chair sans mémoire
pour RIEN.

Strange arms

We weren't yet sleeping in strange arms
bodies left unbolted
already looking for their Alcatraz
Liberty grows quickly dull with its own weight
an old need for reassurance
hand on nape
tender yoke before time begins to drive its plough ...
Twenty years of innocence and scarcely a scratch
and the rest of the abyss
I'd not guessed was there before us

There were other chasms
to dump momentary griefs
peeled skin of regret
a little necessary
waste
and the heat of a body
barely a friend ...

So who has thrown us together
You alone snatched away today
you've got me stranded on the banks'
bluffs

Sometimes still I sleep
in other hands
for the pleasure
for the pain of my forgetting flesh
for NOTHING.

Déclinaison

Haute déploration
de ce temps qu'on nous donne
court

J'ai décliné ma vie comme on livre son nom
déverrouillé mon âme en inventant son dit
Les deux n'ont plus été qu'une mort
à feu tendre
qu'un effeuillement de pages où reposaient des vides
phrases hâtives
haletantes
hallebardées de désir sans acte
et puis un mot venait refermer le livre
d'une FIN provisoire

Mais on n'en finit pas de naître
de rire devant la porte obscure
de s'affamer aux odeurs d'existence

Et puis l'on cesse de redouter la nuit
qui vient quand on a
trop souvent
épelé son
Nom

Masques vénitiens des morts humides
On pleure
comme on jouit
Larmes de l'avant-dernier jour . . .

Declining

Lofty deploration
of this time which for us is cut
short

I've declined my life as we give up our name
unbolted my soul as I've made up its story
Both were no more than a death
by gentle fire
no more than an unleafing of pages
printed with emptiness
hasty phrases
out of breath
downpour of impotent desire
and then a word appeared to close the book
with a stop-gap END

But our birth goes on and on
and laughter before the dark door
and appetite whetted
by life's smells

And then the fear of night desists
which comes when we have
too often
spelt out its
Name

Venitian masks of the watery dead
We weep
as we take pleasure
Tears of the next to last day ...

GENEVIEVE BON

Biographie:

Née à Albi (Tarn). Mère de très vieille souche héraultaise. Père officier, mère médecin. Quitte Albi à dix ans pour s'installer à Montpellier.

Etudes secondaires Lycée Clemenceau à Montpellier. Langues: allemand, anglais, italien. Nombreux séjours Allemagne, Autriche. Etudes Lettres Université Paul Valéry, maîtrise, puis Faculté de Droit. Mariée, deux enfants, fille quinze ans, garçon douze ans. Enseigne à mi-temps.

Essai:

C'est paradoxalement d'abord en tant que romancière que je puis définir la poésie et me situer par rapport à elle. Elle s'impose alors comme le lieu de la plus grande sincérité: en ce sens elle est un code secret. Elle est aussi le langage d'un monde parallèle. Toute poésie révèle ce que la vie est en réalité: l'anecdote, le drame, la satire, la psychologie, l'étude sociologique, l'humour, les passions que l'on trouve dans le roman ne sont que des émergences de cette réalité. Une des fonctions de la poésie est de montrer la part invisible du réel et d'en évoquer les sortilèges: en ce sens elle est quête du Graal, une exploration du non-dit, une éternelle recherche de vérité, une approche du divin. Elle dit l'indicible.

De nos jours, elle se présente également comme une forme de rédemption par rapport aux matérialismes qui nous entourent, par rapport aussi à l'aspect lucratif du roman: la place misérable et aristocratique qu'elle occupe *sur le marché* en fait une forme d'art à la fois orgueilleuse et désintéressée et pour cela même éminemment gratifiante.

Tout le monde peut émettre un jugement sur un roman: de sorte que par la presse, le public, l'éditeur, les proches, le romancier reçoit semonces et acquiescements, mais dans tous les cas d'innombrables commentaires. En revanche, bien peu de gens osent un poème, par manque de confiance dans des critères qui, en apparence du moins, n'ont pas cessé de varier au cours des siècles. Aussi le poète, avant et même après publication se retrouve seul devant ce que l'on pourrait appeler sa conscience poétique: il doit donc s'ériger en juge impitoyable pour ce qui le concerne. Il s'ensuit que la poésie peut être — et est pour moi — la plus sévère des écoles, et la plus austère des confrontations avec soi-même. Dans l'écriture d'un poème, il s'agit d'atteindre une adéquation absolue entre ce que l'on avait dans l'esprit et ce que l'on a sur le papier (l'inexprimable et l'exprimé); cette adéquation doit selon moi concerner absolument tout: le mot, son sens et ses connotations, sa place dans le vers, le rythme du vers, le rythme du mot, le rythme du poème entier, la ponctuation, la forme, les possibilités de lecture, et bien entendu l'expression de l'image, de l'émotion, de la souffrance. A cet égard, la création poétique se rapproche plus de la démarche picturale que de l'écriture du roman.

Je citerai en conclusion la définition de Malraux, qui m'est chère: l'art c'est «ce par quoi les formes deviennent style». Dans les trois mots «ce par quoi» résident le processus et les procédés, l'inspiration, le désir, le travail, cette chimie volontaire mais mystérieuse obéissant tant à une discipline qu'au subconscient, toutes ces FORCES qui entrent en jeu dans l'écriture poétique.

GENEVIEVE BON

Biography:

Born Albi (Tarn). Mother of old Hérault stock. Father army officer, mother doctor. Aged 10, moves to Montpellier. Secondary education in Lycée Clemenceau, Montpellier. Learns German, English, Italian. Several stays in Germany, Austria. Degree (Université Paul Valéry) in History of Art, German Studies. MA degree. Law studies. Married; two children, girl of fifteen, boy of twelve. Occasional part-time teaching.

Essay:

The initial paradox is that of necessity. I approach poetry as a novelist; that is the perspective which shapes my definition of poetry. Seen thus, poetry is the splendid site of the greatest sincerity; a secret code. It is also the language of a parallel world. All poetry reveals what life is in reality. Anecdote, drama, satire, psychology, sociology, humour, the passions found in novels are no more than what springs from that reality. One of poetry's functions is to reveal the invisible part of reality, to tease out its spells. Thus it is a quest for the Holy Grail, an exploration of the unsaid, an eternal search for truth, closing in on the Divine. Poetry utters the unutterable.

In today's overbearing materialism, which includes the business ethic of the novel, poetry offers itself as a form of redemption. An aristocratic pauper in the market-place, it becomes an art form which is both haughty and free of self-interest. For that very reason it gives the highest rewards.

Everyone is capable of passing judgment on a novel; the result is that all shades of critical opinion plus running commentaries are available to the novelist via the press, readers, publishers, friends. By contrast, hardly anyone dares judge a poem; people feel ignorant of the criteria which seem not to have altered in centuries. So, before publication of a work and even after, all poets stand alone face to face with what might be called their poetic conscience. They must act as their own pitiless judge and executioner. The logic of this is that poetry can be—and, for me, is—the strictest of schools, the most rigorous act of self-confrontation. The writing of a poem demands a perfect match of what was in the poet's mind and what is now on paper (the inexpressible and the expressed). In my view, this match has to involve absolutely everything: the word, its meaning, its connotations, its place in the line of verse, the rhythms of the line and of the word itself, the rhythm of the whole poem, punctuation, form, the different ways the poem might be read, and of course the expressive power of image, emotion, suffering. In all these ways, poetic creation is closer to the processes of painting a picture than to those of writing a novel.

Let me conclude with one of my favourite quotations, from Malraux: art is 'that through which forms become style'. The three words 'that through which' embrace the overall process—individual procedures, inspiration, desire, work, all that deliberate yet mysterious chemistry which in equal measure obeys the will and the subconscious, all those FORCES which come into play when poetry is written.

Selected bibliography:

POETRY:

La Vénitienne (Seghers, 1990)

NOVELS:

Etés de cendres (Robert Laffont, 1985)
Traversée du désir (Robert Laffont, 1986; Presses Pocket; France-Loisirs)
La Saison des bals (Robert Laffont, 1988; Presses Pocket; France-Loisirs)
La Poupée du loup (Robert Laffont, 1990; Presses Pocket)
Chronique d'un été sans orage (Robert Laffont, 1992)
L'Année du bonheur (Robert Laffont, 1994)

Autre

Le soir sur ton visage
Tu mettais un oiseau
Les ailes déployées
Et tu n'étais personne
Que l'oiseau mort
Aux yeux de verre

Nue la face masquée
D'un oiseau mort
Et des perles de verre
Sur le sang de tes mains
Tu dansais devant eux
Sorcière

Comme ils t'avaient appris
Comme ils t'avaient laissée
Poussière
Je t'aimai
Parée humble demi-morte
Prostituée aux yeux de verre

La statue

Lasse penchée au miroir de mes mains
Le temps la presse où se forment les signes,
Elle attend, dressés sur la mort friable,
Le marbre et l'or pourvoyeurs de destins.

Sur son front bleu, c'est un soir de printemps,
L'oiseau perdu a trouvé son repos :
Action de grâces, et reflets à la fois
De nos espoirs confondus à nos songes.

Vienne après tant de silencieuse extase,
Tant de fatale et stérile allégresse,
L'image aveugle et nue comme les dieux
Qui changera le plaisir en pouvoir!

Other

Evenings on your face
You'd place a bird
Spread-winged
And you were no-one but
The dead bird
With glass button-eyes

Naked masked face
Of a dead bird
And your glass pearls
On the blood of your hands
Before them you danced
Sorceress

As they'd taught you
As they'd left you
Dust
I loved you
Dolled up humble half-dead
Prostitute with glass beads
For eyes

The statue

At rest in the folding mirror of my hands
Time presses her where signs take shape,
She waits for marble and gold, bearers
Of destinies, built on brittle death.

On her blue forehead there's a Spring evening.
The lost bird has come to rest.
Touched at once with grace and the reflection
Of our hopes mingled with our dreams.

Let there appear after such silent ecstasy,
Such death-dealing sterile joy,
The image, blind and naked as gods
Made to change pleasure into power!

Patiente argile à mes desseins si douce,
Bronze ou écume et pierre tour à tour,
Entre mes mains s'éveille la statue
Parée des bijoux sombres du désir ;

La bouche encor de diamants et de cri
Et enchaînée à son propre mouvoir,
Bleue et cuivrée si présente à soi-même,
L'instant l'arrête au seuil de l'éternel.

Il suffirait pour calmer son effroi
De la laisser esclave ou bohémienne
Belle à ses vœux confusément fidèle
Entre l'ennui et le lourd devenir.

Elle serait, couchée dans les étoiles,
La jeune fiancée sur le rivage,
Son cœur est fort d'innocence et de sources,
Ses pieds de perle ordonnent aux orages ;

Les champs semés d'iris et de jacinthes
Brodent sa robe et les dieux sommeillant
Ouvrent leurs yeux obscurcis et succombent :
La chair faillible amuse leur langueur.

Ou bien captive aux bras teintés de sang
L'anneau de fer l'attache et la meurtrit,
Elle regarde et mon savoir s'effraie,
Ma barbarie ressemble à son reflet.

Ainsi penchée au miroir de mes mains
Elle voulait la parure et le fard,
Cruel destin pourpre et indifférent
Commun à tant d'amantes inhumées!

J'ai abattu l'ébauche courtisane
Pour que la peau se plie à la statue ;
Pure ferveur ardente et pétrifiée,
Le temps s'en va du miroir apaisé.

Dure achevée opaque refermée,
Amour inquiet où naquit la pensée,
Fausse illusion d'une fausse démence,
Au bord du ciel une femme de pierre

Patient clay, sweet yield of my designs,
Bronze or foam or stone by turns,
In my hands the statue wakes
Hung with dark jewellery of desire;

The mouth still with diamonds and cries
Trapped in its own motion,
Blue and coppered so alive to itself,
Stopped by time's stroke at eternity's door.

It would be enough to calm her fright
To leave her a slave or gypsy
Beautiful to her vows vaguely faithful
Between boredom and the weight of becoming.

On her couch of stars she would be
The young bride-to-be at the river's edge,
Her heart nourished by spring-water and innocence,
Her feet of pearl commanding storms.

Fields of iris and wild hyacinth
Embroider her dress and somnolent gods
Open shadow eyes, then succumb:
Fallible flesh titillates their languor.

Or else captive with blood-dyed arms,
The iron ring fastens and bruises her,
She watches and my knowledge takes fright,
My brutishness resembles her reflection.

Thus in the folding mirror of my hands
She lacked cosmetic art applied,
Cruel purple indifferent destiny
Shared by so many lovers in their tombs!

I've smashed this first obsequious attempt
To have skin yield to the statue;
Pure burning fervour turned to stone,
Time withdraws from the pacified mirror.

Hard complete opaque closed on herself,
Unquiet love where thought was born,
False illusion of false madness,
At the sky's edge a stone woman

Veille entourée de toits et de navires,
Sur ses bras blancs se rangent les oiseaux,
Les matelots et les filles le soir
Parlent d'amour au creux de ses genoux.

Ses sœurs noyées soutiennent dans la mer
Des temples las où nul ne vient prier,
Tandis qu'au fond de leur sommeil les hommes
Rêvent encore à des femmes de chair.

Mais laissée seule à l'abri du désir
L'aube et les vents se sont emparés d'elle!
Le temps vaincu, l'espace lui succède
Et la soumet à son règne lointain ;

Pâle statue augmentée de l'azur
Si désarmée en sa forme nouvelle,
Je l'ai perdue de l'avoir trop aimée
Et ma main erre aux confins de la mort.

Ainsi me plut contrariant le chaos
L'œuvre à la fois de moi-même arrachée ;
Où est le feu qui brûlait mes vaisseaux?
Vienne l'enfer plutôt que le néant.

Chère agonie où les derniers rayons
Composent d'ombre et d'or le désespoir,
Mon humble amour inlassable défasse
La pierre morte à la mort opposée.

Car c'est un soir adoré de printemps :
Le songe ému de craintes successives
Rend à l'instant la précaire splendeur,
Aux veines bleues l'éternité s'achève.

Watches from her web of roofs and ships,
Birds form a line on her white arms,
In the evening girls and sailors
Talk of love in the hollow of her knees.

Her drowned sisters keep faded temples alive
In a sea where no-one comes for prayer;
Instead, from their sea-floor of sleep, men
Dream still of women of flesh.

But, alone and harboured from desire,
She's in the clutch of dawn and blowing winds!
Time destroyed, space takes over
And forces her to recognise its empire.

Pale statue spread with sky's expanse,
So disarmed in her new form,
I've lost her, loving her too much.
My errant hand strays near the borders of death.

And so, the work pleased me, standing firm
Against chaos, something torn from me, yet me.
Where's the fire which burnt my vessels?
Rather hell than the void of nothingness.

Welcome agony where dying rays
Compose despair of gold and shadow,
Let my humble constant love break up
Dead stone which sets its face against long death.

For it's a Spring evening to adore;
The vision stirred by successions of fears
Gives the moment its fragile splendour.
In blue veins eternity's achieved.

A mon père

J'aurais voulu pour toi une chapelle ardente
Après mille couloirs où brûlent mille torches
Et mille épées brandies par des soldats vaincus
Ceux qui sont familiers des larmes et des aubes.

Là tu serais couché dans ton image extrême
Entouré de miroirs afin que mille fois
Mon regard simulant la puissance des dieux
Se repose sur toi infiniment créé.

J'aurais voulu aussi un deuil plus éclatant
Sur nos maisons des vents de granit et de cendre
Et sur le port un ciel serré de voiles noires
Avec de grands oiseaux mourant de te voir mort.

Puis un troisième jour aux ailes de colombe
Voir le monde lavé de ma désespérance
Et sans craindre pour toi l'abjecte solitude
Ton absence soudain transformée en savoir.

Tu serais, protégé par douze légions d'anges,
Revenu en amont des sources du Jourdain
Où le berger gardant son paisible troupeau
Compte indistinctement les morts et les étoiles.

To my father

For you I'd have wished a chapel reached
After a thousand passageways lit by a thousand flames
And a thousand swords held high by vanquished soldiers
Familiar with tears, with reveilles of dawn.

There you'd stretch out in your ultimate image
Hedged round with mirrors so that a thousand times
My gaze shamming the strength of gods
Might fall on you endlessly brought into life.

I'd have wished as well a louder bereavement
Winds of ash and granite crashing on our houses
And over the harbour a sky boarded up by black sails
With great birds dying at the sight of your death.

Then on the third, dove-winged day
I'd see the world washed of my despair
And not fear for you an abject loneliness;
Your absence suddenly changed into understanding.

Guarded by twelve hosts of angels you'd have
Returned upstream from the Jordan's source
Where the shepherd watching peaceful sheep
Counts the dead as stars and stars as the dead.

CLAUDE DE BURINE

Biographie:

Née à Saint-Léger-des-Vignes (Nièvre) en 1931. Enseignante pendant un temps. Ecrit des nouvelles aussi bien que des poèmes. Membre du Comité d'honneur des Amis de Marcel Arland.

Essai:

[Claude de Burine n'a ni écrit d'essai ni communiqué sa photo. Nous reproduisons quelques critiques à son sujet, ainsi que certains auto-commentaires par Claude de Burine elle-même].

> Claude de Burine avant toute chose dit l'amour, l'amour inépuisable, et l'on est heureusement surpris de voir qu'un thème aussi essentiel mais aussi fréquemment repris par les poètes puisse encore offrir, après tant de grandes œuvres, d'aussi fortes pages à découvrir.

On reconnaîtra d'emblée la fermeté de cette écriture. Le vers est court, la phrase nette, la mise en page rigoureuse. La coupe du poème est sobre. On ne trouvera pas ici de fanfreluches. On pourrait presque parler d'une virilité du style. Et pourtant rien de plus profondément féminin.

Mieux qu'un homme, une femme peut se trouver en situation d'éprouver, de comprendre, l'ambivalence du sentiment. Sous «les gestes courtois», Claude de Burine découvre «une sauvagerie voilée» ...

La sensualité, d'autre part, chez un poète de cette qualité, donne au poème un retentissement particulier, du fait du caractère plus diffus de la sensualité féminine. Le corps de l'homme, la «terre mâle» semblent appelés du fond des âges.

L'amour n'est pas seulement lié à la nostalgie des heures chaudes et odorantes, il a quelque chose de sacré. «Etreindre» un corps, c'est en même temps, pour Claude de Burine, le «célébrer».

En rapport avec le mystère solaire et les forces telluriques, l'amour reste menacé; aussi prend-il naturellement «les traits de la mort». Mais l'amour se fraie sous terre un chemin de racines, il poussera de nouveaux feuillages, de nouvelles fleurs, de nouveaux astres.

ROBERT SABATIER

Claude de Burine est bien la sœur de Louise Labé — émotion, brûlure authentique — ce chant funèbre, un hymne à la vie, une résistance, une lutte contre l'impossible, un cri de regret, une osmose.

J.S.

Une langue coupée à la serpe, ciselée parfois. En tronçons, en segments ... De métaphores, pas. D'images, point — ou si peu, et qui s'effacent, aussitôt que reprises ... Fracture du discours, âpreté, sécheresse du vocabulaire.

MARIE-CLAIRE COURCELLE

Claude de Burine est sans doute seule à posséder aujourd'hui, dans notre lyrisme, une aussi efficace et déchirante simplicité, faite d'orgueil et de perfection plastique.

ALAIN BOSQUET

La poésie, c'est un état. Une sorte de vagabondage.

J'avais trois ans, quand un soir, je suis sortie seule. Pour essayer de ramener le clair de lune dans le seau à champagne de mes parents. La poésie c'est ça. Lorsque j'écris, c'est un peu comme une transfusion. Ça n'a rien d'intellectuel.

Mes mots sont des lanternes éteintes.

CLAUDE DE BURINE

CLAUDE DE BURINE

Biography:

Born 1931, Saint-Léger-des-Vignes, Nièvre. Was teacher for
some time. Besides poetry, has written short stories. Member
of Committee of Honour, Friends of Marcel Arland.

Essay:

[Claude de Burine declined to write an essay for this book, or
to supply a photo of herself. The following is a small selection
of comments by various critics, and of statements by Claude
de Burine herself].

More than anything else, Claude de Burine speaks of love,
inexhaustible love. And it comes as a happy surprise to see
that such a deep-seated vein, so exhaustively mined by poets,
can still yield such tremendous and fresh writing.
   The immediate impact is one of firmness. The lines are
short, phrase and phrasing clipped, the overall organisation on
the page rigorous. Division of line and stanza is disciplined.
No fancy frills here. One could almost speak of a stylistic viril-
ity. And yet there is absolutely no mistake, this writer is a
woman.
   Better than a man, a woman can experience and understand
ambivalence of feeling. Claude de Burine teases out the 'veiled
barbarity' lurking behind 'well-bred behaviour'.
   Sensuality has a particular reverberation in poems of this
quality, because in women sensuality has a more diffuse
character. It is as if the male body, 'male earth', were
summoned up from the depths of time.
   Love is not only a question of nostalgia for time passed in
heady warmth. It contains something sacred too. For Claude
de Burine, to 'embrace' a body is at the same time to 'celeb-
rate' it.
   In touch with the mystery of the sun and the strength of the
soil, love remains under threat; and so naturally it takes on the
'aspect of death'. But, below ground, love clears a path for its
roots, so that new leaves will grow, new flowers, new stars.

                                                   ROBERT SABATIER

Claude de Burine is the sister of Louise Labé—emotion,
authentic ardour, funeral music, a hymn to life, resistance,
war against the impossible, cry of regret, osmosis.

                                                              J.S.

Language which sometimes is rough-hewn, sometimes finely chiselled. Stumps, segments. Like stage instructions which reveal the whole of a text. No metaphors. No images—or very few, no sooner caught than gone ... Fractured narrative, bitter sharpness, dryness of vocabulary.

MARIE-CLAIRE COURCELLE

Claude de Burine is surely the only one of our contemporary lyrical poets to speak with such searing and effective simplicity, composed of pride and a perfect sense of the plastic.

ALAIN BOSQUET

Poetry is a state. A sort of vagabondage.

When I was three years old, one evening I went out of the house on my own, to try to bring back the moonlight in my parents' champagne bucket. That's what poetry is. When I write, it is a bit like a transfusion. Nothing in the least intellectual about it.

My words are extinguished lamps.

CLAUDE DE BURINE

Selected bibliography:

POETRY:

Lettres à l'enfance (Rougerie, 1957)
La Gardienne (Le Soleil dans la tête, 1960)
L'Allumeur de réverbères (Rougerie, 1963)
Hanches (St-Germain-des-Prés, 1969)
Le Passeur (St-Germain-des-Prés, 1976) Prix Max-Jacob, 1977
La Servante (St-Germain-des-Prés, 1980) Prix Alfred de Musset de la Société des Gens de Lettres, 1980
A Henri de l'été à midi (St-Germain-des-Prés, 1987)
Le Voyageur (Le Milieu du jour, 1991)
Le Visiteur (La Bartavelle, 1991)
Le Passager (La Bartavelle, 1993) Prix Charles Vildrac de la Société des Gens de Lettres, 1993

PROSE WORKS:

Le Cahier vert (St-Germain-des-Prés, 1980)
Marcel Arland, essay (Subervie, 1980)

Nous

Nous ne sommes peut-être qu'un rêve,
Un mouvement des épaules de Dieu
Dans son sommeil aux yeux ouverts.

Tu viens de si loin,
Tu restes, si près de nous, pour nous vivre
Que tu es la barque au clair de lune
Que l'on ramène
Quand la mer a le goût de l'amour.

Etre avec Toi,
La minute première
Où déjà le caillou se souvient,
Où la pâquerette est ivre d'être l'enfant
Qui danse sous le soleil.

Les réverbères à Paris
Sont toujours ces clochards pensifs
Qui promènent leur ombre.

Et dessous, le moineau raconte.

Ton silence : ce froid soudain.
Reçu comme une dépêche.

L'autre vie

Tu me conduiras, lentement. Il fait doux, les arbres ouvrent leurs
volets verts. On respire déjà le chèvrefeuille, le papillon et si je
pense à toi, toute ma peau sent le muguet.

Je marche sur le sable de l'enfance. Il y a des éclats de rire
accrochés aux murs comme de petits miroirs.

Le soleil s'est baigné à l'aube. A posé sur tes joues, ses doigts les
plus légers.
C'est le temps de l'huître avec la perle.
La lumière est blanche et rose comme les dragées.
C'est le jour de la nacre, de l'émeraude, à mon doigt.

We

We are perhaps unreal as any dream,
Restless God adjusting posture
In open-eyed sleep.

You come from so far,
You stay so close to us, to live us
That you are the moonlit boat
Brought inshore
When the sea tastes of love.

To be with You,
The first minute
When already the pebble remembers,
When the daisy is drunk with being the child
Dancing beneath the sun.

Lamp-posts in Paris
Always are these thoughtful wanderers
Out walking their shadow.

And the sparrow has a story to tell, below.

Your silence: this sudden cold.
Received like a telegram.

The other life

Slowly you'll lead me. In the mild weather, the trees open
green shutters. The scent of honeysuckle hangs already in
the air, and the butterfly, and when I think of you all my
skin smells of lilies of the valley.

I walk on the sand of childhood. Peals of laughter are fixed
to the walls like little mirrors.

The sun went bathing at dawn. Brushed your cheeks with
the lightest of fingers.
This is the time of the oyster disclosing the pearl.
The light is pink and white, a sugared almond.
Emerald day light on my finger, mother-of-pearl.

Les hommes noirs

Ils arrivent : les marcheurs de la mort
Au front : l'étoile brillante
Aux tempes : les ailes bleues qui s'ouvrent
Leur cœur est le métal rouge.

Il faut mourir de sa mort.
De l'autre côté du temps.

Dans le temps sans temps,
La mort tue la mort.

La Cour

La cour de l'école est déserte, le cerisier noir.
Les cahiers sont rangés.
On a tué le dernier oiseau.
Dans l'île, la barque est tirée,
La musique éteinte.
Je t'attendais. Je mangeais tes pas.
J'étais l'attente. J'étais tes pas. J'étais la faim.

Tu ne passeras plus.
Je n'attendrais pas. J'attendrai.
Je serai la faim qui brûle.

Une allée sans ombre

Une allée sans ombre
Sera maintenant ma vie
Où je disais amour
Comme on étend un drap au soleil
Avec mes absents voyageurs
Plus vivants que les vivants
Bornes sur le chemin
Vers un monde inconnu
Sans passeport ni temps
Où les mots hissent le drapeau noir.

The black men

Here they are: the death-marchers
On their foreheads: the brilliant star
At their temples: blue unfolding wings
Their hearts are red metal.

We must die of our death.
On the far side of time.

In time without time,
Death kills death.

Playground

The school playground's deserted, the black cherry tree.
Exercise-books are back in their place.
The last bird's been killed.
On the island, the boat's been laid up,
The music stopped.
I waited for you. I ate your foot-steps.
I was expectation. I was your steps. I was hunger.

You won't pass by again.
I'm not waiting on condition ... I *shall* wait.
I shall be burning hunger.

An unshaded avenue

An unshaded avenue
Will from now on be my life
Where once I spoke love
The way a sheet is spread in the sun
With my absent voyagers
More living than the living
Milestones along the way
Towards an unknown world
Minus passport or time
Where words hoist black flags.

Il est tard

Il est tard
Le froid vient vite.
Les chemins se creusent.
L'Automne n'a pas donné d'ordres
Mais la lumière baisse.

L'étain va reprendre ses pensées.
Le cuivre, ses voyages au long cours.
Le marron sa destinée d'oursin des campagnes.

Les meubles attendent.
Les fenêtres, les portes, se méfient, se ferment.

Comment te rejoindre
S'il n'y a pas les roses,
Les routes pour aller pieds nus?
Te parler
Près d'un canal qui gèlera bientôt?
Sous la clarté brune des bistrots à Paris
Où la bière est capitaine du navire?

Nous avions les feuilles, avant,
Les fleurs, les silences.
Mais la main ne s'est pas tendue
Et tout s'éteint
Comme un bracelet d'or
Trouvé dans les parcs

Le veilleur de nuit
Commence ses rondes.

It's late

It's late.
Sharp arrival of the cold.
Paths deepen.
Autumn has issued no orders
But light fails.

Pewter will withdraw into its own thoughts,
Copper, its long-distance travels,
The chestnut, its fate to be a rustic sea-urchin.

Furniture waits.
Windows, doors, are cagey, and they close.

How shall I find you again
When there are no roses,
Pathways for bare feet?
Speak to you
Beside a canal soon to freeze over?
In the lit-up sepia of Paris bistrots
Where beer skippers the ship?

We had leaves, before,
Flowers, silences.
But the hand is not stretched out
And all light fails
Like a gold bracelet found
Lying in the grounds

The night-watchman
Begins his rounds.

Sous la lumière bleue

Sous la lumière bleue de l'enfance,
Là où le parquet ciré
Sent le miel et le bleuet
Où l'œillet blanc garde son goût
De vanille et de poivre,
Tu avais la voix
Qui lançait les trains, les navires,
Faisait glisser la barque,
Les péniches au ventre noir
Comme l'exil,
Filer les canards gris
Quand les roseaux étaient des couteaux de nacre
Entre les mains du gel.

Quand venait la nuit
Ta voix allumait les feux des bateaux
Qui vont vers les îles
Et tu partais,
Me laissais les yeux vides de l'absence.

Under the blue light

Under childhood's blue light,
There, where the floor's polished wood
Smells of honey and cornflower
Where the white carnation conserves its flavour
Of vanilla and pepper,
Your voice
Launched trains, launched ships,
Smoothed the way for the boat,
The black-bellied barges,
Dark as exile,
Released grey ducks
When reeds were pearl knives
Wielded by dextrous frost.

When night came
Your voice lit up the boats
Ablaze for islands
And you left
A bequest of eyes empty with absence.

ANDRÉE CHEDID

Biographie:

Née 1920 au Caire. Française, née Egyptienne, d'origine libanaise. Education lycée français, puis à l'Université du Caire. S'installe à Paris en 1946, y vit depuis.

Essai:

Définir la poésie me paraît hors de question. Celle-ci — avec sa charge de réel et d'irréel, son poids de rêve et de quotidien — nous devancera toujours.

A la question: «Pourquoi écrivez-vous?», Saint-John Perse
dit ceci: «La réponse du Poète sera toujours la plus brève:
'Pour mieux vivre'».

C'est de cette manière que je le ressens aussi. La poésie
multiplie nos chemins, nous donne à voir, à respirer, à
espérer. Sans tourner le dos aux réalités, elle nous tire hors
de notre étroite peau; nous offre à la fois le profond et le
large.

Pour deux recueils, qui couvrent une quarantaine d'années
(1949–1991), j'ai choisi ces deux titres *Textes pour un poème*,
puis *Poèmes pour un texte*, voulant dire ainsi que la poésie qui
fait corps avec nos existences demeure — au même titre que
la vie — libre, en mouvement, jamais bouclée. Aucune clé
n'ouvrira sur le mystère de l'une ou de l'autre.

La poésie — imprenable — nous procure ainsi un désir
persistant. Elle nous pousse à cheminer sans relâche. Elle
ranime sans cesse notre appétit d'être au monde.

ANDREE CHEDID

Biography:

Born 1920, Cairo. Of Lebanese descent. French nationality.
Studied at French School, then University of Cairo. Moved to
Paris 1946, lives there now.

Essay:

It seems to me that to define poetry is out of the question.
Poetry—with its charge of real and unreal, its weight of
dream and daily ordinariness—will always be one step ahead
of us.

In reply to the question: 'Why do you write?', Saint-John
Perse said: 'The Poet's answer will invariably be the shortest:
"To live better"'.

I feel the same way. Poetry opens up new pathways, gives
us what we need to see, to breathe, to hope for. Without
turning its back on reality, it draws us out of our normal
narrow selves; forces us to go deeper and wider.

I chose the following titles for two collections which span
forty years or so (1949–1991): *Texts for a poem*, then *Poems for
a text*. I wanted to say that poetry which forms one body with

our existence remains—in the same way as life—free, mobile, never cordoned off. No key can open the door onto the mystery of either.

Poetry—impregnable—fills us with enduring desire. It urges us remorselessly forward along a path. It revitalises our appetite, never extinguished, to be in the world.

Selected bibliography:

POETRY:

Textes pour un poème (1949–1970) (Flammarion, 1987). Reissue of books first published by G.L.M. and Flammarion
Fêtes et Lubies (Flammarion, 1973)
Cérémonial de la Violence (Flammarion, 1976)
Poèmes pour un texte (1970–1991) (Flammarion, 1991). Reissue of books first published by Flammarion

NOVELS:

Le Sommeil délivré (Flammarion, 1952)
Le Sixième Jour (Flammarion, 1960)
Le Survivant (Flammarion, 1963)
L'Autre (Flammarion, 1969)
La Cité fertile (Flammarion, 1972)
Nefertiti et le rêve d'Akhnaton (Flammarion, 1974)
Les Marches de Sable (Flammarion, 1981)
La Maison sans Racines (Flammarion, 1985)
L'Enfant multiple (Flammarion, 1989)

STORIES:

Les Corps et le Temps suivi de l'Etroite Peau (Flammarion, 1979)
Mondes Miroirs Magies (Flammarion, 1988)

THEATRE:

Théâtre I — Bérénice d'Egypte — Les Nombres — Le Montreur (Flammarion, 1981)
Théâtre II — Echec à la Reine — Le Personnage (Flammarion, 1993)

ALSO: ESSAYS, BOOKS AND POEMS FOR CHILDREN

See Jacques Izoard, *Andrée Chedid*, collection 'Poètes d'Aujourd'hui', Seghers, 1977.
See special number of review *Sud*, 1991, devoted to Chedid.

LITERARY PRIZES RECEIVED:

Prix Louise Labé, 1966; Prix Mallarmé, 1976; Le Goncourt de la nouvelle, 1979; Prix des bibliothèques pour tous, 1989; Prix Gutenberg, 1990; Grand Prix de la Poésie de la Société des Gens de Lettres, 1990.

La vie voyage

Aucune marche
Aucune navigation
N'égalent celles de la vie
S'actionnant dans tes vaisseaux
Se centrant dans l'îlot du cœur
Se déplaçant d'âge en âge

Aucune exploration
Aucune géologie
Ne se comparent aux circuits du sang
Aux alluvions du corps
Aux éruptions de l'âme

Aucune ascension
Aucun sommet
Ne dominent l'instant
Où t'octroyant forme
La vie te prêta vie
Les versants du monde
Et les ressources du jour

Aucun pays
Aucun périple
Ne rivalisent avec ce bref parcours :

   Voyage très singulier
   De la vie
   Devenue   Toi.

Life makes a journey

No trek
No sea voyage
Equals life's
Casting off your vessels
Homing on the atoll of your heart
Making its way from age to age

No exploration
No geology
Compares with the blood's circulation
The body's rich deltas
The soul's seisms

No ascent
No summit
Commands the moment
When life granting you shape
Gave you life
The world's slopes
And resources of light

No country
No Grand Tour
Matches this brief trip:

> Singular journey
> Of life
> Turned into   *You.*

Désert ou cités

Je ne sais quelle géométrie
Du vide
Quelle géologie
De l'austère
Quelle soif de silences
Nous conduisent
Périodiquement
Vers ce lieu dépouillé
Et sans grades
Où l'âme
Se faisant face
Loin des simulations
Loin du rang et des feintes
Se nomme sans détours

Je ne sais quel rejet
Des apparences
Quel refus
Des masques
Quel chant primordial
Nous relient
Fugitivement
A ces plaines d'équilibre
A ce désert sans parures
A ces dunes d'harmonie
A ces sables accordés
Où l'âme
Mise à nu
S'éprend de tout l'espace

Je ne sais quel désir
Quelle passion ou quelle soif
Nous ramènent au monde
Au peuplement des cités
Au fleuve à l'arbre aux hommes
A l'énigme qui nous féconde
A l'angoisse qui nous taraude
A l'écueil qui nous grandit.

Desert or cities

I don't know what geometry
Of emptiness
What geology
Of the austere
What thirst for silence
Lead us
Periodically
Towards that bleak
Undifferentiated space
Where the soul
Facing itself
Far from simulation
Far from rank from sham
Names itself directly

I don't know what appearance
Thrown back
What rejection
Of masks
What primordial song
Fleetingly
Bind us
To these even plains
This unadorned desert
These dunes in harmony
These fine-tuned sands
Where the soul
Laid bare
Embraces all space

I don't know what desire
What passion or what thirst
Steer us back to the world
To the city crowds
To the river the tree to men
The life-giving enigma
Our thread-cutting anguish
The reef which makes us grow.

Né de la terre

Né de la terre
Muré dans sa peau
Façonné par ses os
L'homme
Fait de chair et de sang
Enfanté sur tel lopin de sol
Sous telle lampée de ciel
Surgit des océans
Et de l'ombre
Se dresse
Et se façonne
Selon ses marques
Selon le siècle
Selon le lieu

Ayant flotté
Dans la nappe
Marécageuse et tendre
S'étant bercé
Dans cette lagune
Aux tensions troubles
Aux souterraines humeurs
Son corps
D'eau et d'alliages
Aborde enfin
La vie
Séjour hasardeux
A brève
Ou lente dérive

L'homme affleura
Pour ne pas stagner
L'homme émergea
Pour ne pas croupir
L'homme fonça
Vers l'existence
Et ses récifs
Vers l'avenir
Et ses ruses
Vers les semailles
Et les ravages

Born of earth

Born of earth
Walled in skin
Shaped by bones
Man
Made of flesh and blood
Delivered on this patch of ground
Under this splash of sky
Rises from oceans
And shade
Stands up
And fashions himself
On benchmarks of self
On the century
On the place

After floating
In the tender
Marsh-sheet
After rocking
In this lagoon
Restlessly stretched
Over subterranean humours
His body
Of water and alloys
At last closes in
On life
Perilous residence
Spent briefly
Or slowly adrift

Man broke the surface
Not to stagnate
Man emerged
Not to lie decaying
Man pushed
Towards existence
And its reefs
Towards the future
And its stratagems
Towards seed times
And desolation

Pour dénouer l'énigme
Ou simplement
Pour exister

De chutes
En résurrections
D'échecs
En ascension
Formé
Du terreau initial
Imprégné
Des lois de l'univers
Forgeant sa liberté
En deçà des pièges
S'arrimant à l'étoile
Par-delà les ténèbres
L'homme
Entonna son chant

Né de la terre
Il bouscula les pesanteurs
Tenta l'équilibre
Entre l'histoire
Et l'horizon
Entre l'infime
Et l'infini
Entre le dérisoire
Et le sens
De rêve en rêve
De pas en pas
L'homme s'obstina
Dans la recherche
De l'issue et du noyau.

To unravel enigma
Or simply
Exist

From fall
To resurrection
From failure
To ascent
Formed
From earliest leaf mould
Flood-filled
With the universe's laws
Hammer-shaping his liberty
Ahead of the snares
Lashing himself to the star
Beyond the shadows
Man
Broke into his song

Born of earth
He shook up gravity
Tested the balance
Between time's story
And the horizon
Between the minuscule
And the infinite
Between the derisory
And sense
From dream to dream
Step by step
Man mulishly
Went in search
Of the issue and the core.

La vérité

La Vérité n'est que mensonge
Tenace mirage des vivants
Elle trompe nos vigilances
Et pétrifie le temps

La Vérité est en armes
L'interdit   son aiguillon
Ses lois de bronze nous séparent
Ses mots ont murailles et plafonds

La cible unique est un leurre
Les semences abondent
Les récoltes sont légions

Saluons plutôt nos soleils transitoires
Nos paroles libres d'emblème
Nos chemins en chemin
Nos multiples horizons.

Truth

Truth is nothing but a lie
Sun-spot on the eyes of the living
It circumvents our Siegfried Lines
And turns time to stone

Truth has taken up arms
Goaded by   interdiction
Its laws cast in bronze keep us apart
Its words have ceilings and walls

Thinking there's just one target is a trap
So many fields are sown
So many harvests reaped

Let us fête instead our passing suns
Our words taking French leave
Our routes en route
Our multiple horizons.

LOUISE HERLIN

Biographie:

Née au Caire, Egypte, 1925. A vécu à Bruxelles, Florence, Londres, New York avant de se fixer à Paris en 1955. Etudes de lettres.

Essai:

C'est, je crois bien, une version latine, à l'âge de douze, treize ans, qui a été l'occasion de mon éveil à la poésie; ma traduction d'un passage d'une géorgique, à la relecture, m'avait paru si dérisoire, comparée à ma relecture du poème de Virgile, que je l'ai entièrement refaite, non sans délectation, en vers libres ou en prose rythmée. Le professeur m'avait félicitée tout en observant qu'on ne m'en demandait pas tant. Je découvrais ainsi la gratuité de la poésie. Personne ne vous en demande jamais.

Mais c'est plus tard, sous le signe de Mallarmé, qui m'apparaissait comme l'incarnation extrême de la vocation poétique et qui me fascinait d'autant plus qu'il m'était obscur, puis en réfléchissant à l'art poétique de Paul Valéry que j'ai commencé à lire les poètes contemporains et à écrire des poèmes, non sans avoir fait, ou cru faire table rase.

Quelque forme qu'il prenne, c'est toujours une émotion, subjective, ancrée dans une nécessité existentielle, qui est à l'origine du poème, nécessité qui balance la part du jeu, d'inventivité verbale — polysémie, images, figures, rythme contrariant le sens, rimes, assonances, reprises et variations — sans quoi il n'y aurait pas poésie.

La mienne naît souvent du choc d'une rencontre, d'un événement, d'un spectacle au détour du quotidien, du sentiment de mystère ou d'étrangeté, d'émerveillement aussi, que suscitent le monde et ses habitants, la pensée — écoute, questionnement — s'y mêlant naturellement.

LOUISE HERLIN

Biography:

Born 1925, Cairo, Egypt. Lived in Brussels, Florence, London, New York. Settled in Paris, 1955, has lived there since.

Essay:

If I remember correctly, it was a Latin translation I did at the age of twelve or thirteen which awoke me to poetry. On re-reading my rendering of a passage from one of the Georgics, my attempt seemed so dismal alongside Virgil's poem that I tore it up and started again, not without pleasure, this time in free verse or rhythmic prose. The teacher congratulated me, adding that I had not been asked to go quite that far. Thus I discovered that poetry was free, gratuitous. Nobody ever asks you for any.

But later, under the wing of Mallarmé, who seemed to me the ultimate incarnation of poetic vocation and who fascinated me all the more for being so obscure; later, when I came to reflect on Paul Valéry's poetics, then I began to read modern poets and to write poems of my own, which at the time I imagined to be free of influences.

Whatever its form, a poem's beginnings are always a subjective emotion rooted in some necessity of existence. This necessity measures out the right amounts of playfulness, of verbal invention—polysemy, images, figures, rhythm counteracting sense, rhyme, assonance, repetition, variation—without any of which poetry could not exist.

My own poetry often begins with the surprise of an encounter, an event, some little bend in the straight road of daily life, a feeling of mystery or strangeness, of marvel as well, all aroused by the world and its inhabitants, in which thought—attentiveness, inquiry—automatically is involved.

Selected bibliography:

POETRY:

Le Versant contraire (Gallimard, 1967)
Commune mesure (L'Age d'Homme, 1971)
Couleur de temps, Crayons (Le Nouveau Commerce, 1981)
L'Amour exact (La Différence, 1990)
Le Poème inachevé (Dumerchez, 1993)
Les Oiseaux de Méryon (La Différence, 1993)

Le balcon

Pigeon proche si lourd, volumineux
posé au bord du balcon
palpitant sous le plumage

Ils sont étranges de près
— hors de proportion

Peu faits pour l'humain voisinage,
nos mesures pédestres

Ils n'ont cure de nouer connaissance
malgré leurs coups d'œil obliques

Un pas vers la vitre, il s'envole
s'amenuisant redevient familier
— à distance

A chaque espèce
son espace

Deuil

Il oublia de mettre sa pendule à l'heure
En retard d'une heure il a lâché la corde
La corde du temps file file et lui
   dans la nuit demeure

Dehors la chute des feuilles continue
Un marron s'est empalé sur l'or de la grille
Un corbeau regarde de haut
   l'arbre se dépouiller sûrement

The balcony

Voluminous pigeon close by, such weight
poised on the balcony's edge,
breast beating beneath plumage

Close to, they are strange
—a disproportion

Hardly designed for human company,
our earth-bound measures

They're not looking to get to know us
those sudden sidelong looks mislead

Move one step towards the window, and it takes flight
diminishing it becomes familiar again
—at a distance

To all species
their own spaces

Mourning

He forgot to set his clock to the right time
One hour behind he let go the cord
Time's cord slips slips and he
   in the night he stays

Outside the fall of leaves goes on
A railing gilds its speared chestnut
Up high a crow watches
   the steady tree unclothe itself

Autre square

Sur la piste pour patin à roulettes
Clopin clopant l'octogénaire va
Boitillant courageuse en trois temps :
Un pied puis l'autre et le coup de canne

La piste montueuse est toute à elle
Les enfants le vendredi sont en classe

Par ce temps gris pluvieux, temps de chien
Elle fait son petit tour quotidien
Laissant mourir autour d'elle les feuilles,
Les vieux hêtres se dénuder —
Elle sagement s'exerce à durer

L'imparfait

Soudain je le vis sur la page
          son beau visage familier
Aussitôt la silhouette suit :
          ses robes exotiques
                amples de ligne
                    en laine ou soie véritables

Elle aimait les étoffes, l'amour
          la liberté follement
Eut des amants, des enfants

Ce que ne dit la légende
          de la photo ressemblante :
Galbe, stature, lourd chignon
Simple et désinvolte
          personne si noble d'allure
et bonne

On la croisait dans les couloirs
          hier encore
Nous causions le soir attendant
          l'heure du départ
Depuis longtemps je la connais
          ... la connaissais

Other square

Along the roller-skaters' track
The octogenarian beats her awkward path
Defiantly in three-four time:
First one foot then the next then her stick

She's quite alone on this uphill track
It's Friday and the children are at school

In this awful weather, this rain, this grey
She has her little walk every day
Letting the leaves around her die,
The old beech trees strip themselves bare—
She takes steps to last, with all due care.

Imperfect

Suddenly there on the page I saw
        her lovely familiar face
Quickly followed by the rest:
        exotic dress
                generously cut
                in pure wool or silk

She loved love, loved fabrics
        loved liberty with passion
Took lovers, had children

The caption to this near-perfect
        likeness doesn't mention:
Curves, carriage, weight of her chignon
Unselfconscious and simple
        in her person so noble
so good

We'd see her in the corridors
        only yesterday
We talked in the evening waiting
        until it was time to leave
I've known her for an age
        ... knew her

Nuages

Le dynamisme du ciel. Des stries, des strates nuageuses ourlées, charnues. Entrecoupées de zones translucides ou proprement lumineuses. Une touche rosée ici et là un peu d'azur. Bientôt masqués par un charroi de nuages mauvais, massif. Va-t-il gagner toute l'étendue du ciel? Destructeur, indifférencié. Tout engloutir?

Une granuleuse uniformité se répand. Je ferme les yeux pour conjurer cette grisaille. Je les rouvre, merveille! ... Le fond du ciel s'est mordoré, losangé de bleu et de gris, toute une gamme de bleus et de gris en alternance, en croisillons serrés. Un treillis impalpable.

Puis un petit nuage enfle, luminescent, avance, se scinde en trois bandes irrégulières qui se décomposent à leur tour ... C'est une émulsion bleu blanc gris. La lumière sourit doucement. Soleil larvé, atténué. Derrière ses persiennes, ses jalousies, ses stores à lamelles ...

Passé la journée de grisaille ponctuée d'averses (on voit tout à coup le toit de zinc de la maison d'en face tout chiné de grosses gouttes noires, qu'un rayon de soleil efface instantanément) ... Après donc une brumeuse matinée suivie d'un après-midi plus morose encore, le ciel devient translucide par endroits, habité soudain d'agglomérats nuageux, avec des traînées de bleu, et le soleil filtre inondant la mer d'une large tache métallique.

Les nuages prennent des poses, s'imbriquent l'un dans l'autre. Sont chez eux. S'étalent. Prennent leurs aises. Certains enflent, montés en neige, avec des panachages. D'autres simulent têtes de chien, tiares ou repas de titans. Des hippocampes hypertrophiés. Des fumées expansives. D'autres encore s'étirent, s'aplatissent. Des élongations en font de minces sourires. Des schistes horizontaux. Des liserés.

Dans le ciel bleu, des nuages charmants, en boule sur leur éclairage intime — boule d'ouate, laineuse. Ils font le gros dos. On aimerait les caresser. Fourrer ses mains dedans. Ils tiennent du chat, du manchon.

Clouds

The dynamism of the sky. Streaks. Fringed, fleshy strata of
clouds. Intersected by zones which are translucent, more
accurately luminous. Here a deft touch of pink, a dab of
blue there. Soon hidden from view by a massive carriage of
looming clouds. Will it colonise the entire sky? Destructive,
undifferentiated. Devour everything?

A grainy uniformity spreads. I close my eyes the better to
banish that grey. I open them again, what a marvel! ...
Bronze depth of sky, dotted with blue diamonds, grey
diamonds, an entire range of alternate blues and greys, tight
lattice-work. Impalpable trellis.

And then a little cloud swells, luminescent, it moves
forward, divides into three uneven bands which in their
turn disintegrate ... A blue-white-grey emulsion. Soft smile
of the light. Thin, larva sun. Behind its blinds, its slats,
its louvres ...

The day of dull grey is over, punctuated by shadows
(suddenly you see the roof of the house opposite, a chiné of
fat black drops, no sooner seen than obliterated by a ray of
sun) ... Thus after a misty morning followed by an even
more morose afternoon, the sky opens here and there, letting
through light, suddenly settled by cloudy agglomerates,
trailing ribbons of blue, and the sun leaks out a metal stain
which floods the sea.

The clouds strike poses, interweave. They feel at home.
Spread themselves out. Unwind. Some puff themselves up, a
confection of snow, variegated. Others simulate dogs' heads,
tiaras, or a Titan's meal. Swollen sea-horses. Expansive
smoke. Yet others string themselves out, flatten themselves.
Their elongations make of them thin smiles. Horizontal
shale. Piped borders.

In the blue sky, charming clouds, each rolled in a ball on
its private lighting—cotton wool balls, balls of wool. They
arch their backs. You would like to caress them. Sink your
hands in. There is something of the cat about them,
something of the muff.

La beauté

Merveille des visages neufs de jeunes filles
A peine écloses de l'enfance, leur teint de lys
Et de rose — incarnat incarnant la lettre
Le dessin sûr des lèvres, la courbe des joues ...
Dans ce wagon de métro un après-midi
D'été suant parmi les figures défaites,
Les yeux las des usagers de cinq heures

Insolente beauté, insolite, surgie
A quelle fin sinon — étonnantes
Fleurs de chair fragile ouvrées à l'aveugle
Au fil des générations — pour émouvoir
Chez l'incrédule le sens de la perfection
Des formes périssables? ... cause de passions
Légendaires — fables dont la pérennité
Se ressource tandis que nous vieillissons

Beauty

Adolescent girls; the marvel of these new faces
Only just released from childhood, their lily
And rose complexion—flesh-colour fleshing out the letter
Lips firmly drawn, the curve of cheeks ...
On a train one sweaty summer afternoon
In the Métro among the wrecked figures,
The done-in eyes of commuters

Insolent beauty, rare, flourishing
With what aim other—startling
Flowers of fragile flesh shaped unseen
Down generations—than to stir
In the sceptic a sense of just how perfect
Perishable forms may be? ... cause of legendary
Passions—immortal fables drinking
Life from new sources while we grow old

JEANNE HYVRARD

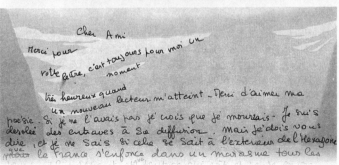

Cher Ami

Merci pour
votre lettre, c'est toujours pour moi un
moment
très heureux quand
un nouveau lecteur m'atteint. Merci d'aimer ma
poésie. Si je ne l'avais pas je crois que je mourrais. Je suis
désolée des entraves à sa diffusion. Mais je dois vous
dire, et je ne sais si cela se sait à l'extérieur de l'Hexagone
que
     la France s'enfonce dans un marasme tous les

Biographie:

L'idée de biographie m'est étrangère. Je n'en ai pas d'autre que la succession de mes œuvres. Un chaos qui s'ordonne petit à petit pour frayer une pensée nouvelle permettant enfin de rendre compte de mon expérience vécue.

A cette aune-là que dire de ma naissance à Paris en 1945, de parents eux-mêmes nés à Paris, cela a-t-il un sens si ce n'est pas pour dire dans les ruines et les cendres? Que dire de mes Etudes de Droit et de Sciences Economiques à l'Université de Paris, si ce n'est pour interroger l'amour raté de la machine et de la modernité?

Que dire de ma participation au mouvement de '68, si ce n'est qu'il m'a permis par la transgression collective, de rompre le carcan mortel des femmes de ma génération? C'est en professant à mon tour, jour après jour au fil des années Les Sciences Economiques que j'ai gardé le lien avec la réalité du monde. C'est aussi par cet humble service que j'ai compris qu'elles ne pouvaient pas rendre compte de ce qui se passait.

Ainsi paradoxalement c'est la contestation de la *doxa* économique qui m'a amenée à l'écriture, et mon premier livre se voulait un simple rapport de Sciences Sociales. Depuis ils ont tous été sans exception les chapitres d'un vaste Traité d'Economie Politique, fût-il, et cela est, de la littéraire ...

C'est lourde de cet ancrage que j'ai pu comme les uns et les autres, peut-être un peu plus que les autres, voyager, faire de la peinture, me jeter dans le théâtre, me servir de lui pour inventer une poétique de la rue, faire des conférences dans les deux Amériques, et trouver auprès de mon mari et ma fille ce que la vie réserve aux femmes mariées.

Essai:

On illustre, en France, la condition du poète par celle de l'Albatros qui selon Baudelaire est tourmenté par les hommes d'équipage, lorsque posé sur un bateau, ses grandes ailes l'empêchent de marcher. J'ai de mon côté, depuis l'enfance, résolu la question. Je ne cherche plus à atterrir ... C'est toutes ailes étendues que je survole la vallée des humains. Elevée par une aiglesse solitaire, La Nature, j'ai la vue perçante et sais ce qui se passe. Ainsi va pour moi la poésie accompagnant le monde. Ainsi l'esprit poétique, à mi-chemin de l'homme et de l'oiseau. Ainsi l'essence poétique, la mémoire humaine de l'ange, la fleur, l'odeur, le sel de l'Innommable. Ainsi va la trace de l'Etre qu'on tente de transformer en avoir. La capitalisation du monde. L'effort de toute bouche pour arracher de quoi ne pas mourir. Ainsi va l'horreur du monde errant où tout vivant est proie du vivant. Entre mourir et tuer le choix révulse! Ainsi oiselle libre, survolé-je sans illusion la contrée des humains. Ainsi ai-je pris une fois pour toutes le parti de la gente ailée et de sa dialectique de la plume et du vent. Et quand il y a chez les humains quelque chose qui lutte encore contre la minéralisation, je fonds sur cette proie l'emmenant avec moi et en moi dans le royaume dont elle n'aurait jamais dû choir. Ainsi la fabrication du poème, cette forme parfaite de l'instant parfait qui agit, résume, inscrit, scelle d'un sceau parfait. Ainsi va le texte. Ainsi la poétrie [sic], tangeante des mondes incompatibles. Ainsi dans les airs l'oisellerie comme une arche flottant sur la vapeur du monde, ainsi dans le bateau de la langue les survivants, sons, mots, articulations, images et formes. O la grammaire, ma marâtre, ma mère adoptive quand il fallut pour ne pas mourir s'affilier à l'univers des hommes.

JEANNE HYVRARD

Biography:

The idea of a biography is foreign to me. I have none other than the works I have written. A chaos slowly ordering itself until a new train of thought emerges, allowing me finally to give some account of my lived experience.

I was born in Paris in 1945; my parents were also born in Paris. Where is the interest in that? Only the ruins and the ash. And what is the interest of my Law and Economics studies at Paris University? Only that they questioned society's failed love affair with the machine and the modern world.

And what of my involvement in the May '68 movement? Only that its collective philosophy of transgression allowed me to wrench off the iron collar which was strangling my generation of women. It is by teaching Economics in my turn, day after day, year after year, that I have kept tabs on the realities of the world. It is also by performing this modest service that I have learned that Economics cannot give the measure of what happens.

Thus, paradoxically, it is my resistance to economic orthodoxies which led me to write, and the aim of my first book was to give a simple account of the Social Sciences. From then on, all my books have been without exception the chapters of some vast Treatise on Political Economy, even if they might be—and they are—works of literature ...

Underpinned thus, I have been able, like most people, but perhaps more than most, to travel, paint, get involved in theatre and use it to invent a poetics of the street, give lectures in South and North America, and find with my husband and my daughter that which life reserves for married women.

Essay:

In France, the emblem of the poet's condition is the albatross, which, according to Baudelaire, is tormented by sailors when it falls to the ship's deck, its huge wings rendering it immobile. Since childhood, I have found a way around that particular problem: I avoid landing ... With my vast wingspan, I float above the valley of humans. Raised by Nature, lone she-eagle, my gaze is piercing and I know what it's all about. Thus, for me, poetry is my travelling companion around the globe. This is the spirit of poetry, half-way between man and bird. This is the essence of poetry, human memory of angels, flowers, smells, the salt of the Unnamable. This, the trace made by Being, which we try to convert into Having. Capitalisation of the world. The effort made by mouths to tear off something to keep death out. This, the horror of an errant world where the living prey on the living. The contortion of having to choose between dying and killing! Thus, she-bird at liberty, I fly high over the land of humans, free of illusions. Thus, I have sided once and for all with the feathered tribe and its dialectic of plume and wind. And whenever I see signs that a human being is struggling against being slowly turned to mineral, I swoop on the prey and carry it off with me, in me, to the kingdom from which it should never have plummeted. Thus, the construction of a poem, that perfect form of the perfect moment which acts, sums up, inscribes, seals with the perfect seal. Thus, the text. Thus, the 'poetangent' of incompatible worlds. Thus, in the skies, a float of bird-flights arched over the world's vapour. Thus, in the ark of language, the survivors: sounds, words, articulation, images, forms. Grammar! That wicked stepmother, that adoptive mother, when what was needed so as not to die was affiliation with the universe of men.

Selected bibliography:

POETRY:

Les Doigts du figuier (Minuit, 1977)
La baisure, suivi de Que se partagent encore les eaux (des femmes, 1984)

NOVELS:

Les prunes de Cythère (Minuit, 1975)
Mère la mort (Minuit, 1976)
La Meurtritude (Minuit, 1977)
Le Corps défunt de la comédie. Traité d'économie politique (Seuil, 1982)
La jeune morte en robe de dentelle (des femmes, 1990)

OTHER WORKS:

Le Silence et l'obscurité. Requiem littoral pour corps polonais (Montalba, 1982)
Auditions musicales certains soirs d'été (des femmes, 1984)
Canal de la Toussaint (des femmes, 1986)
Le Carcan: Un long et douloureux dialogue de sourds (des femmes, 1987)
La pensée corps (des femmes, 1989)

La baisure [extraits]

A la septième saison le corps se révolta
Il fallait que le malheur eût une fin
A cause de l'espérance

Alors commença le chagrin
L'attente
La contemplation du désastre

La folie avait servi à retarder ce moment-là

A la septième saison le temps était venu
Le corps décida de survivre
Quel qu'en soit le prix

Le prix en était l'oubli

Le corps décida l'oubli

Ce fut la fin du deuil
Le voile se déchira
La réalité apparut

Il avait fallu tout ce temps pour accepter de vivre

Le temps pour le ciel d'être vanné
Le temps pour le chemin de s'empierrer
Le temps pour les corbeaux d'enfanter

Une gestation mortelle
Une genèse d'horreur
Une épouvantable grossesse
Dans le creuset de la mémoire
Le ventre de la terre étouffait
La chair du désespoir fabriquait
La matrice des mots façonnait

A la septième saison le corps proclama la fin du deuil
Il avait duré trente-trois ans

Les portes de fer s'ouvraient sur le désert
J'avais tardé jusqu'aux limites du possible
Il était plus que temps

The kissing-crust [extracts]

In the seventh season the body revolted
It was time for unhappiness to end
Faced with hope

So began sorrow
Waiting
Contemplation of disaster

Madness had helped delay that moment

In the seventh season the time had come
The body opted for survival
Whatever the price

The price was forgetting

The body decided to forget

That was the end of mourning
The veil was torn
Reality appeared

All that time had been needed to accept life

Time to winnow the sky
Time to pave the path
Time for crows to give birth

Deadly gestation
Genesis of horror
Appalling pregnancy
In the crucible of memory
The earth's belly was fighting for life
The flesh of despair was making
The uterus of words was shaping

In the seventh season the body announced an end to mourning
It had lasted thirty-three years

Iron gates opened on to the desert
I had lingered at the very limits of the possible
It was more than time

La folie avait servi à retarder ce moment-là

Il était venu quand même

Il fallait pouvoir supporter la fin du malheur

[...]

Robert de Normandie revient de la chasse
Robert de Normandie est encore à la chasse
Il la guette tous les jours au lavoir
Il la mande à son père
Elle vient en apparat
Elle vient en pleine lumière dans le château de Robert
Robert le magnifique
Robert le Diable

Il ne l'épouse pas
Il ne le peut pas
La puissance n'épouse pas la mémoire

Et quand vient le temps que nature requiert
Arlette a un fils nommé Guillaume

La puissance n'épouse pas la mémoire
Ils enfantent l'héritier de l'oubli
Noble et roturier
Guillaume le bâtard

Petit déjà tu étais conquérant

Je survécus quand même
Objet de ton mécontentement
Objet de ta destruction
Objet de ton désir

Tu t'amusais de ma souffrance
Tu m'écrasais les tempes
Tu me broyais les doigts
Tu me tordais le corps

Tu devins un vrai homme

Madness had helped delay that moment

Which nonetheless had come

The end of unhappiness had to be borne

[...]

Robert of Normandy returns from the hunt
Robert of Normandy is still out hunting
Every day he tracks her to the wash-house
He orders that she be sent
She arrives in great pomp
In broad daylight she comes to Robert's castle
Robert the Magnificent
Robert the Devil

He does not marry her
He cannot marry her
Power does not wed memory

And when nature has run its course
Arlette bears a son called William

Power does not wed memory
They produce the heir to oblivion
Noble and common
William the Illegitimate

Small and already you were Conqueror

Still I survived
Object of your discontent
Object of your destruction
Object of your desire

You found pleasure in my suffering
You stamped on my temples
You crushed my fingers
You buckled my body

You became a real man

Enfermée chez mon père
Je rêvais de toi
Je ne voulais pas d'un bâtard
Mais je voulais d'un maître

Je marchais au bas-côté
Sur le talus
Dans le fossé
Je marchais haut et bas
Pierre et chemin
Chant et joie

Je survécus quand même
Dans l'attente de l'époux fabuleux
Brodant linge et chemises

[...]

Qui était cette femme qui courait
Mathilde ou Aliénor
Qui était cette femme qui courait
Madeleine
Où t'en allais-tu

Tu la poursuivais de toutes tes forces
De huit mille ans
De trente mille ans
Tu la poursuivais du consentement

Tu courais derrière
Tu criais reviens
Reviens
Reviens sinon je jette ta vie dans le fleuve

Tu l'appelais Madeleine

Tu la retenais de toutes les peurs inculquées
Rêves d'angoisse
Contes de cauchemars

Tu la retenais de toutes les terres occupées
Au coin du feu
Dans les dévidoirs de laine

Locked up in my father's house
I dreamed of you
I wanted nothing of a bastard child
But of a master yes I did

I walked on the verge
On the bank
In the ditch
High path and low I walked
Stone and track
Song and joy

And still I survived
Embroidering linen and shirts
Waiting for the husband of fable

[...]

Who was that woman running
Mathilda or Alienor
Who was that woman running
Magdalene
Where were you going

You chased her all you could
Spurred by eight thousand years
Thirty thousand years
The pursuit of consent

You ran behind
Calling out come back
Come back
Come back or I throw your life to the water

You called her Magdalene

You held her back in the name of all ingrained fears
Dreams of anguish
Nightmare tales

You held her back
In the name of all occupied lands
By the fireside
On spools of wool

Tu la retenais de toutes les filles vendues
Répudiées
Abandonnées

Tu la tenais par les femmes de la terre
Sexes taillés
Sexes cousus
Sexes déchirés des femmes d'Afrique

Tu la tenais par les femmes de la terre
Pieds cassés
Pieds bandés
Pieds parés des femmes d'Asie

Tu la tenais par les femmes de la terre
Dos voûtés
Dos chargés
Dos ployés des femmes des Andes

Tu la tenais par les femmes de la terre
Ventres violés
Ventres engrossés
Ventres marchandés des femmes des Antilles

Tu la tenais par les femmes de la terre
Chairs soupçonnées
Chairs questionnées
Chairs incendiées des femmes des bûchers

Tu la tenais par huit mille ans
Temps de toute construction
Tu la tenais par trente mille ans
Temps de toute parole

You held her back
In the name of all women sold
Thrown out
Cast off

You held her
In the name of the world's women
Circumcised
Sown labia
Torn genitals of African women

You held her
In the name of the world's women
Broken feet
Bound feet
Jewelled feet of Asian women

You held her
In the name of the world's women
Weighed down
Burdened
Bent backs of Andean women

You held her
In the name of the world's women
Raped wombs
Swollen wombs
Cut-price wombs of Caribbean women

You held her
In the name of the world's women
Flesh under suspicion
Flesh under interrogation
Charred flesh of women burnt at the stake

You held her
In the name of eight thousand years
Time of every construction
You held her
In the name of thirty thousand years
Time of every word

Mais elle courait quand même
La lutte
La résistance
La fuite
Les menaces
Les déchirements
Les coups
Les corrections
Les hurlements
Les incendies
Le corps qui ne voulait pas céder
Le corps qui ne pouvait pas céder
Le corps dans le brasier
Le corps en destruction
Le corps en construction

Le désastre était grand
Et grande aussi l'espérance

[...]

But still she ran
Fight
Resistance
Flight
Threats
Heart
Torn apart
Blows
Punishments
Cries
Fires
Body refusing to yield
Body unable to yield
Body in the furnace
Body falling apart
Body coming together

The disaster was vast
And vast as well was hope

[...]

LESLIE KAPLAN

Biographie:

Née à New York. Vit à Paris. Etudes de philosophie, d'histoire et de psychologie. A travaillé en usine entre 1968 et 1971. A bénéficié d'une bourse du Centre National des Lettres en 1984 et 1988. A été écrivain-résident en milieu scolaire à Poitiers en 1992 et dans la ville des Mureaux en 1993.

Essai:

Pour définir mon projet poétique actuel, je pourrai me référer à Cézanne: écrire «par tous les côtés en même temps» comme Cézanne voulait peindre et a peint. «Par tous les côtés en même temps». Ce n'est pas qu'un récit linéaire soit impossible, il est toujours possible, mais il ne rendrait compte de rien, ou presque.

Les mots, nous habitons dedans, mais cela peut toujours être comme dans une usine, ou comme dans une prison, ou comme dans un asile. L'ordre du langage est toujours menacé, il peut toujours être excédé par quelque chose qui viendrait du dehors l'anéantir comme demeure humaine.

Ou: le langage est fondé sur ce qui se passe *entre* les mots, et si cet entre-mots tombe, alors, désastre.

Ou encore: la violence est toujours un effondrement, une coïncidence brutale entre mot et chose, c'est un temps hors temps où tout d'un coup il n'y a plus de jeu, un passage en impasse où l'on entre directement, de plain-pied, sans défense ni distance dans le monde, pour que le monde vous avale.

Et écrire, chercher la vérité en écriture, comme Cézanne, encore, voulait le faire en peinture: c'est trouver les mots et aussi ce qu'il y a *entre* les mots, cerner les fils, les nœuds, les liens et les trous. Les mots, tous ceux qui m'ont amenée là où je suis, qui m'ont faite. Les déployer, leur donner leur volume, équivoques et résonances, saisir ce qui creuse ce volume de l'intérieur, et ce qui vient du dehors le déchirer. Peut-être alors ce qui est un trou deviendra ce «soleil invisible» que cherchait Cézanne, autour duquel un autre monde peut s'organiser. Cézanne. Celui qui a «su ravaler son amour», qui a su «dépasser l'amour et dire: Voici», le peintre non de la réalité mais de «la chose même».

La «chose même», qui n'est pas la réalité mais le réel, est à chercher dans le rapport — dans l'écart *et* le rapport — entre le sujet et le monde. Tenter d'écrire «par tous les côtés en même temps», c'est tenter de saisir cette contradiction dans toutes ses tonalités, heureuses, malheureuses, sans l'aplatir sur un des termes (objectivité naturaliste d'un côté, ou romantisme de l'autre). Je conclurai par un extrait d'un poème (bilingue) en cours intitulé *Translating is sexy*:

«Mais le ciel, ses stries. Rien ne nous protège de sa beauté.
Tout vouloir, le ciel, le vin, les livres, l'amour. Et la pensée.
Si on n'a pas la pensée, on n'a rien. Rien de sa vie. Rien. Mais
la pensée, on ne l'a pas. On la pense.

all the words
from all the times
from all the lives
you have lived
and will live
tous les mots sont là
disponibles
ils attendent
all the words
and all the worlds

> from all the lives
> and all the loves
> chaque mot
> est là
> pas demain
> aujourd'hui
> NOW»

LESLIE KAPLAN

Biography:

Born New York. Now lives in Paris. Studied philosophy, history and psychology. Worked in factory, 1968–71. Received Centre National des Lettres bursaries in 1984 and 1988. Resident writer in schools, Poitiers, 1992, and Les Mureaux, 1993.

Essay:

To give you my view of what poetry is, I shall paraphrase Cézanne and say that its aim is to write 'from all sides at the same time', as Cézanne wanted to paint from all sides, and as in fact he did. 'From all sides at the same time' ... Not that a linear account is impossible. It is always possible, but it can render nothing, or practically nothing.

We live within words, but this can be just like being inside a factory, or a prison, or an asylum. Language's regime is under constant threat, and can at any moment be overwhelmed by some external force which makes it impossible for human beings to continue living there.

Or: language is founded on what goes on *between* words, and if these foundations collapse, then disaster follows.

Another scenario: violence is always a form of disintegration, a brutal coincidence of word and thing, a time out of time when suddenly nothing any more is in play, an impasse down which you go directly and unimpeded, without protection, up against the realities of the world, so that the world swallows you up.

Writing, the search for truth through writing, the way Cézanne also wanted to search for it in painting, is a matter of finding the words, what lies *between* words, of defining the thread, the knots, the ties, the gaps and holes. Words: all the words which have brought me where I now am, which have made me what I am. Spread them out, give them their plenitude, their ambiguities and resonances, capture whatever it is that undermines this plenitude from the inside, and whatever attacks and fractures it from the outside. Then, perhaps, what seems to be a hole will become that 'invisible sun' which Cézanne was looking for, and around which a different world can be built. Cézanne, able to 'fight back his love', able to 'go beyond love and say: there, look!' The painter not of reality but of 'the thing itself'.

'The thing itself', not reality but The Real, can only be found in the relationship—the distance *and* the relationship between subject and world. To try to write 'from all sides at the same time' is to try to capture this contradiction in all its shades and tones, clashing or not, while at the same time not hammering it out of existence on one of its own terms (naturalist objectivity on the one hand, romanticism on the other). I shall finish with an extract from a bilingual poem I am working on, entitled *Translating is sexy*:

'But the sky, its streaks of colour. Nothing shields us from its beauty. Want everything. Sky, wine, books, love. And thought. Without thought, we have nothing. Nothing of our lives. Nothing. But thought, we don't actually have. We think it.

            all the words
            from all the times
            from all the lives
            you have lived
            and will live
            all the words are there
            available
            waiting
            all the words
            and all the worlds
            from all the lives
            and all the loves
            each word
            is there
            not tomorrow
            today
            NOW'

Selected bibliography:

Le livre des ciels (P.O.L., 1983)
Le criminel (P.O.L., 1985)
Le pont de Brooklyn (P.O.L., 1987). Reissued (Folio, 1991)
L'excès-l'usine (Hachette/P.O.L., 1982). Reissued, together with discussion between Leslie Kaplan and Marguerite Duras entitled *Usine* (P.O.L., 1987)
L'épreuve du passeur (P.O.L., 1988)
Le silence du diable (P.O.L., 1989)
Les mines de sel (P.O.L., 1993)

THEATRE:

Le criminel, Théâtre de la Bastille, septembre 1988.
Le silence du diable, Avignon, juillet 1990. Diffusion sur France Culture, septembre 1990.
L'excès-l'usine adapté et joué à Marseille, juin 1992.

L'excès-l'usine: premier cercle [extrait]

*L'usine, la grande usine univers, celle qui respire pour vous. Il
n'y a pas d'autre air que ce qu'elle pompe, rejette.
On est dedans.*

*Tout l'espace est occupé : tout est devenu déchet. La peau, les
dents, le regard.*

*On circule entre des parois informes. On croise des gens, des
sandwichs, des bouteilles de coca, des instruments, du papier, des
caisses, des vis. On bouge indéfiniment, sans temps. Ni début, ni
fin. Les choses existent ensemble, simultanées.*

A l'intérieur de l'usine, on fait sans arrêt.

*On est dedans, dans la grande usine univers, celle qui respire
pour vous.*

*L'usine, on y va. Tout est là. On y va.
L'excès—l'usine.*

*Un mur au soleil. Tension extrême. Mur, mur, le petit grain,
brique sur brique, ou le béton ou souvent blanc, blanc malade ou
la fissure, un peu de terre, le gris. La masse mur. En même
temps, ce soleil. La vie est, haine et lumière. La vie-four,
d'avant le commencement, totale.*

On est prise, on est tournée, on est à l'intérieur.

Le mur, le soleil. On oublie tout.

La plupart des femmes ont un merveilleux sourire édenté.

On boit un café à la machine à café.

La cour, la traverser.

Etre assise sur une caisse.

Tension, oubli.

Excess-Factory: first circle [extract]

The factory, the great universe factory, drawing breath for
you. No other air than the air it pumps, throws out.
We are inside.

The whole space is occupied: everything has turned to waste.
Skin, teeth, eyes.

We move around within shapeless walls. Everywhere we find
people, sandwiches, bottles of Coke, instruments, paper,
packing-cases, screws. All is motion, outside time. Neither
beginning nor end. Things exist as one, simultaneously.

Inside the factory, ceaseless activity.

We are inside, in the great universe factory, the factory
breathing for you.

The factory, that is where we are going. Everything is there.
We go. Excess—factory.

A wall in the sun. Extreme tension. Wall, wall, close-
grained, brick upon brick, or concrete or often white, sickly
white or a crack, some earth, grey expanse. Wall-mass. At
the same time, this sun. Life is, hatred and light. Oven-life,
from before the beginning, total.

We are taken on, taken in, we women have entered.

The wall, the sun. We forget everything.

Most of the women have wonderful, toothless smiles.

We drink coffee from the coffee machine.

The yard, cross the yard.

Sitting, on a packing-case.

Tension, forgetting.

On fait des câbles près de la fenêtre. Les câbles ont beaucoup de couleurs, on les enroule en circuits. Il y a de la lumière, l'espace est mou. On va, on vient. Couloirs, oubli.

On fait des câbles près de la fenêtre. Tension extrême. Le ciel, et les câbles, cette merde. On est saisie, tirée par les câbles, le ciel. Il n'y a rien d'autre.

Tout l'espace est occupé : tout est devenu déchet. La peau est morte. Les dents mordent une pomme, un sandwich. On absorbe, le regard se colle à tout comme une mouche.

On travaille neuf heures, on fait des trous dans des pièces avec une machine. On met la pièce, on descend le levier, on sort la pièce, on remonte le levier. Il y a du papier partout.

Le temps est dehors, dans les choses.

La cour, la traverser. Nostalgie absolue d'une cour d'usine.

On circule entre des parois informes. Tôle, mou et gras. Quel intérêt, quel intérêt. Ce fil par terre. Personne ne peut savoir le malheur que je vois. On est partie chercher. On absorbe tout. On va, on descend. On voit les autres faire. On est seule, on est dans ses gestes. On marche, on se sent marcher. On est à l'intérieur. On sent chaque mouvement, on se déplie, on marche.

On mange des caramels, on a les dents collées.

Avant d'entrer, on boit un coup au café. On se regarde dans la glace au-dessus du comptoir. Le juke-box joue toujours Those were the days, my love, ah yes those were the days.

Des bidons, des fils, des tôles sont empilés. Certains sont peints, les couleurs sont rouge, jaune, bleu, vert. Pièces et morceaux, bidons, fils et tôles. On ne sait pas, on ne peut pas savoir. On les regarde passionnément. On est rejetée.

On se déplace dans des endroits sans nom, des cours, des coins, des hangars.

We make cables by the window. The cables are made up of
strands of various colours, we wind them into coils. There is
light, the space around is soft. Comings and goings.
Corridors, forgetting.

We make cables by the window. Very high tension. Sky,
cables, so much crap. We are taken over, yanked along by
those cables, that sky. There is nothing else.

The whole space is occupied: everything turned to waste.
Skin is dead. Teeth bite into an apple, a sandwich. We
absorb, our gaze glues itself to everything like a fly.

Nine-hour shifts, machine-punching holes into parts. Place
the part, bring down the handle, take out the part, lift up
the handle. Bits of paper everywhere.

Time is outside, within things.

The yard, cross the yard. Absolute nostalgia of a factory
yard.

We move around within shapeless walls. Lifeless, greasy
metal sheeting. Interest, what interest. That length of wire
lying there. No-one can know the misery I see. We set out,
women searching. We absorb everything. We go, we go
down. We see others at work. We are alone, absorbed in our
movements. We walk, feeling ourselves walk. On the inside.
We sense each movement, stretch, walk.

We eat toffees, glue our teeth together.

Before going in, a quick shot of alcohol in a café. We look at
ourselves in the mirror behind the counter. "Those were the
days, my love, ah yes those were the days" on the juke-box,
again and again.

Metal drums, wire, corrugated iron in piles. Some of it is
painted, the colours are red, yellow, blue, green. Parts, odds
and ends, drums, wire, metal sheets. We don't know, we
can't know. We look at all of this with feeling. We are
outsiders.

We move around in nameless places, in yards, nooks and
crannies, sheds.

On s'arrête, on va à la cantine. On revient après. Les dents mordent, la viande morte est avalée. On ne mange pas. Où est le goût? On est pénétrée par les odeurs. Tout est déjà mâché.

Au café, avant d'entrer, il y a toujours cette musique. Musique et poussière, et la glace au-dessus du comptoir. On boit un café pendant que la musique passe et s'en va. On donne l'argent, ensuite on entre dans l'usine.

On a un tablier qui entoure le corps.

On est près d'une fenêtre, on fait des câbles. Bien sûr, on peut mourir. La fenêtre ouverte, les câbles. L'air bouge doucement, on flotte un peu.

Très souvent, on se regarde, dans une glace, un miroir de poche, un reflet. On se regarde, on se regarde. L'image est toujours là.

On prend le vélo à cinq heures du matin, dans le noir. On arrive, on voit l'usine, de l'autre côté du pont. On dirait qu'elle est posée sur l'eau. On y va. L'excès—l'usine.

Des bidons, des fils, des tôles sont empilés. Pièces et morceaux, l'usine. Les endroits sont informes, il y a beaucoup de coins. Dans la cour, de la terre, de l'herbe, et toute cette ferraille entassée.

On prend le vélo, à cinq heures du matin. On part. Le vélo est léger, on le tient bien, on avance. Quand on arrive, l'usine est chaude. On a très froid.

Elle est là, entière, pièces et morceaux. L'usine. Il n'y a pas de sens, elle tourne. Et monte et descend et à droite et à gauche et en tôle et en brique et en pierre et l'usine. Et sons et bruits. Pas de cris. L'usine. Morceaux et pièces. Clous et clous. Tôle, vous comprenez? Mou et gras. Glisse et dur. On ne sait pas, on ne peut pas savoir.

Il n'y a aucune image, jamais.

[...]

Time to knock off, go to the canteen. Afterwards, back
again. Teeth dig in, dead meat is swallowed. This is not
eating. Where is the taste? Smells invade us. Everything is
pre-chewed.

In the café, before going in, there is always that music.
Music and dust, and the mirror behind the counter. We
drink a coffee until the music finishes. We pay, then go into
the factory.

An apron which goes right round the body.

By a window, we make cables. We could die of course. The
open window, the cables. The air stirs gently, we are slightly
giddy.

Very often, we look at ourselves in our little pocket-mirrors,
a reflexion. We look and look. The image is there always.

In the 5 a.m. darkness we get on our bicycles. Arriving, we
see the factory on the far side of the bridge. It seems to be
floating on the water. We head for it. Excess–factory.

Metal drums, wire, corrugated iron piled up. Parts, bits and
pieces, the factory. No clear shape to the place, full of nooks
and crannies. In the yard there is earth, grass, all that
heaped-up scrap metal.

At 5 a.m. we get on our bicycles. We set out. The bike is
not heavy, we grip tight, we move forward. When we arrive,
the factory is warm. We are very cold.

There it is, all of it, parts, bits. The factory. Functioning
without meaning. Rising, falling, left, right, metal sheets,
bricks, stone, the factory. And noise and sound. No
shouting. The factory. Bits, parts. Nails and nails. Sheets of
metal, you know. Soft, greasy. Slippery, hard. We don't
know, we can't know.

There is no image, ever.

[. . .]

JOSEE LAPEYRERE

Biographie:

Née dans le Gers. A fondé deux revues littéraires, *Le Temps des loups*, dans les années 70, et *Zoom-Zoum*, avec trois autres poètes, en 1993.

Vit à Paris, où elle est médecin. Pratique la psychanalyse. Fait partie de l'Association Freudienne Internationale, mouvement lacanien. A en charge plusieurs rubriques de poésie dans divers périodiques psychanalytiques. (*Le Discours psychanalytique, Le Journal français de psychiatrie* ...)

Essai:

Si des influences ou plutôt des rencontres ont orienté mon existence et mon travail, c'est parce qu'elles ont toujours instauré pour moi un nouveau partage dans ce qui était jusque-là convenu: découpe, allègement, trouée, respiration ...

Ainsi, ce fut à l'âge de dix-sept ans, la rencontre décisive avec un texte d'André Breton, *Il y aura une fois*, André

Breton dont je ne savais alors à peu près rien et auprès de qui, ce jour-là, j'ai acquis une sacrée dette puisque, quelques secondes après l'avoir lu je me suis mise à écrire mes vers premiers et inattendus.

Un peu plus tard, alors que, étudiante en médecine, j'assistais à l'hôpital à la consultation d'un psychanalyste, ce fut la rencontre quasiment fulgurante avec une façon tout-à-fait nouvelle pour moi d'écouter et d'interpréter, celle de la psychanalyse.

Il me semble que, à chaque fois, l'impression fut celle de la mise au jour d'un lieu où je pouvais advenir, un espace dans la langue ni donné, ni garanti mais dont il fallait à tout prix tenter l'ouverture.

Et la mise au jour de ce lieu me semble être aussi bien le projet de la poésie que celui de la psychanalyse à travers des pratiques certes différentes mais toutes deux résolument langagières et non psychologiques: car toutes deux travaillent explicitement avec l'écoute sonore et rythmique, les équivoques langagières, les coupures, césures, scansions, c'est-à-dire avec la dimension effective du temps dans le langage et toutes deux se posent radicalement la question du sens.

Il y eut bien d'autres rencontres dans le même fil, celles en particulier du poète chilien Godo Iommi, fondateur de *La Phalène*, du peintre Arden Quin, fondateur du mouvement MADI et celle du graveur S.W. Hayter qui m'a appris à dégager les conséquences du tracé d'un premier trait contingent.

Ces trois artistes ont en commun la rigueur, la légèreté, l'accueil de l'aléatoire et de l'accidentel, et une vigoureuse humeur. Je leur dois beaucoup.

Il y eut Cummings, l'art de la découpe du vers ramené à la lettre et d'où surgit une intense émotion. Il y eut Basho, Dickinson, Apollinaire, Gertrude Stein, les Elizabéthains, Mallarmé, etc ... et tant d'autres. Francis Ponge qui, face aux systèmes totalitaires, oppose le parti pris des choses, et ... La Fontaine et Bossuet et Chateaubriand, et ... et ... ce qui m'arrive tous les jours, mes contemporains que je lis, avec qui je parle et avec qui je partage les mêmes données actuelles, et ... et ... et ... les amours, les amis, les deuils, les bagarres, les voisins, le temps, les adversaires, la course cycliste, et vos questions ...

JOSEE LAPEYRERE

Biography:

Born Gers region of France. Now lives in Paris. Founded
poetry reviews *Le Temps des loups* in 1970s and *Zoom-Zoum*
(with three other poets) in 1993. Professional psychoanalyst.
Member of International Freudian Association. Regular
poetry columns in journals of psychoanalysis.

Essay:

If influences, or rather encounters, have shaped my existence
and my work, it is because they have always broken the
mould of what up until then was fixed, and they have made
new shapes, lightened an oppressive weight, opened gaps,
given breath ...

Aged seventeen, I made the seminal discovery of a text by
André Breton, *Once upon a time there will be*. I knew virtually
nothing of Breton at that stage, but that discovery placed me
in his debt from that day forward, as I went straight off
and, without any inkling I would do so, wrote my first lines
of poetry.

Not long after, when I was a medical student, I sat in to
observe a psychoanalyst working with a patient, and in a
blinding moment something was revealed to me, something
I had known nothing about, a completely new method of
seeing and interpreting—psychoanalysis.

It was as if a window opened onto a place where I now had
the freedom to go, a space in language which was neither
given as of right nor guaranteed, but which I simply must try
to enter.

And the revelation of this place I consider to be as much
the project of poetry as of psychoanalysis, each naturally
using quite different methods, but both firmly grounded
in language and not psychology. For both explicitly work
through the apprehension of sound and rhythm, with
ambiguities and misunderstandings in language, with breaks,
pauses, gaps, scansion. In short, both are concerned with the
active dimension of time within language, and both subject
meaning to the most thorough scrutiny.

I have had many similar artistic encounters, notably with
the Chilean poet Godo Iommi, founder of *La Phalène*, the

painter Arden Quin, founder of the Madi movement, the engraver S.W. Hayter, who taught me to see the significance of the first and apparently random line I drew.

These three artists have in common a rigour, a lightness, an openness to random, aleatory experience, and they all have strong personalities.

I owe them a lot.

Then there was Cummings and the art of cutting and shaping verse, which he applied to the very letter, producing a great intensity of emotion. There were Basho, Dickinson, Apollinaire, Gertrude Stein, the Elizabethans, Mallarmé etc. ... and a host of others, such as Francis Ponge, who, in the face of totalitarian systems, set up his world of things, little things, speaking for themselves. And La Fontaine, and Bossuet, and Chateaubriand, and ... and ... reading my contemporaries day by day, people I chat to, who move in the same world ... and ... and ... and ... love, friends, foes, griefs, fights, neighbours, time, cycle races, questions you and others ask me ...

Selected bibliography:

Là est ici (Gallimard, 1967)
La Quinze Chevaux (Flammarion, 1987)
La 15 CV (Séguier, 1989)
Fontaines, en collaboration (Argraphie, 1990)
Comment faire Le Tour, éloge de la course (Point hors ligne, 1992)
Belles joues les géraniums (Flammarion, 1994)

Cum sequentia

l'ombre est verte
verte partout même
dans l'arrosoir
violet   même
dans le vélo
non vert

l'ombre est verte
verte de tous les verts
verte du rouge
sang des fleurs qui sont
jaunes   verte de son ombre
sur le vert   verte
de son trou   dans
le vert

partout   dans l'ombre verte
partout   oiseaux chantent
trouent l'air

tiatia   tia   touloulou
tututu   uhuhuhuhuhuh
touloulloutou   toulou
pehpehpehpeh   keukeukeu
uruhuruhuruh   quiéquiéquié   quié
reteretet   tizyizyz   tiz
slreuslreuslreuslreu   thrthrthr

écoutez les sons   ils tombent
ils tombent sur la peau   mais
où commence la peau   où finit
la peau   à l'air   au sang
aux orifices qui l'ouvrent
à l'ombilic   absolu   le silence
entre deux chairs   deux sons
tout à fait vide est le secret
et c'est très bien comme ça

tiatia   tia   touloulou
tututu   tiulouloutou   toulou

Cum sequentia

the shade is green
green all over even
in the violet
watering-can   even
in the nevergreen
bike

the shade is green
green with all the greens
green with the red
blood of flowers which are
yellow   green with its shadow
on the green   green
in its hollow   in
green

everywhere   in the green shade
everywhere   birds sing
puncture air

tiatia   tia   touloulou
tututu   uhuhuhuhuhuh
toulouloutou   toulou
pehpehpehpeh   keukeukeu
uruhuruhuruh   keeaykeeaykeeay   keeay
reteretet   tizyizyz   tiz
slreuslreuslreuslreu   thrthrthr

listen to the sounds   they fall
fall on the skin   but
where does skin begin   where end
skin   with air   with blood
with opening orifices
with navels   absolute   silence
between one flesh and another flesh   two sounds
quite hollow the secret
and that's fine as it is

tiatia   tia   touloulou
tututu   tiulouloutou   toulou

Une adresse

entouré d'herbe   les pieds pris   je le vois
presque   il jaillit de l'herbe   vers les arbres
vers la verte forêt   il se dirige   grande
herbe   décidée   mauvaise   geste de la cognée
il est un arbre   balayant l'air   avec
ses gants jaunes épais   il frappe les ronces
les arrache du mur   il s'est toujours battu
il veut retourner une image noire   ce qui dépasse
dérange   est toujours noir   pour lui   il aime
aussi   les fleurs rouges   mais il est avide

du noir qu'il pourchasse   il n'est pas souvent
réconcilié avec ce qui passe devant lui
ce qui bouge   un lapin   un enfant   des phrases
il veut souvent   les refaire   ou les écarter

trois jours avant que tu ne meures
tu as dit avoir appris quelque chose
de nouveau   nous étions assis
dans la chambre   le médecin était là
nous disions que la durée
de chaque instant était ouverte
impossible à mesurer puisque
celui-ci me touche encore   il s'enfonce
dans les plis nocturnes de ta robe
de chambre   et se soutient sur ton regard
que la maigreur avait agrandi

chambre rousse   l'automne tombait dru
les arbres traversaient la fenêtre
ce moment n'a cessé de me parvenir
il y avait du vent   je savais
que je ne te reverrai pas la semaine
suivante   mais j'étais bien avec toi
tu étais réconcilié avec ce qui passait ta vie

pourquoi suis-je passée au tu   tu es
un lieu   tu es aussi un lieu vide
mon père   un lieu vide de toi dont
je sens les contours cerner une nouvelle
vigueur   celle des fenêtres du monde
que les vivants ont à ouvrir

An address

grass all around   feet trapped   I see him
almost   growing out of grass   towards the trees
towards the green forest   he heads   tall
grass   wild   resolute   axe-blow
he's a tree   sweeping air   with
his thick yellow gloves   he strikes at brambles
strips the wall of them   he's always been a fighter
he wants to reverse a dark image   what goes beyond
disturbs   is always dark   for him   he loves
as well   red flowers   but he's avid with hunger

for the darkness he pursues   he's not often
at peace with what goes on in front of him
what stirs   a rabbit   a child   snatches of words
often he wants   to re-do them   or be rid of them

three days before you died
you said you'd learned something
new   we were sitting
in the bedroom   the doctor was there
we were saying that the duration
of each instant was open-ended
impossible to measure since
this one still grips me   it buries itself
in the nocturnal folds of your dressing-
gown   and lives on in your expression
intensified through growing thin

russet room   the heavy fall of autumn
trees crossed the window
that moment has never ceased to make inroads into me
the wind blew   I knew
that I wouldn't see you the week
after   but I found it easy to be with you
you were at peace with what was spending your life

for the life of me why am I addressing you now
                              as a person   you're
a place   also you're an empty space
my father   a place emptied of you whose
contours I can feel shaping a new
vigour   vigour of the world's windows
which the living must open

Joyeux combat avec l'ange [extrait]

à petits pas   mais brutaux   il est arrivé
je ne l'attendais pas   il s'est imposé   a dit «je suis là»
s'est allongé sur le transat   je ne l'avais pas prévu
il me dérangeait et je ne voulais pas encore savoir
que je n'attendais que ça mais sa présence ouvrait
toutes les fenêtres   un large profond souffle retenu depuis
«depuis quand n'avez-vous pas ouvert   depuis quand
faites-vous la sourde oreille   depuis quand
ne m'avez-vous pas entendu?» me dit-il «vous savez bien
que ce n'est pas à l'ange que l'on rend son tablier»

ce jour-là il est arrivé sans bruit alors que j'étais
assise au bar   il m'a prise par les épaules   j'ai sursauté
«encore vous   vous pourriez prévenir mais vous
n'avez que ça à faire»   il m'a dit «oui   d'ailleurs vous
m'attendiez   mais chut! si vous le voulez bien nous allons
parler entre les lignes» et prenant son élan sur le tremplin
il s'est jeté à l'eau dans un magnifique plongeon

de nouveau j'ai senti sa présence lorsque la lumière
a tout poussé à bout   le jardin était si épanoui
si prêt à éclater   qu'il aurait pu verser de l'autre côté
basculer   et je l'ai vu là lui   aux bords de la piscine
en équilibre   sur un pied devant le vert précipice

je me suis enfuie   j'ai quitté tout le monde   on ne peut jouer
indéfiniment avec l'ange   il était temps de me soumettre
il fallait faire vite   sinon j'ai su qu'il allait m'abandonner
et que je l'entraînerais dans cet abandon   le ferais déchoir
de sa qualité d'ange   je me suis enfuie   là je l'ai écouté
sans plus de retenue   ce fut tout d'abord un grand silence
tendu entre lui et moi   je n'ai pas lâché le bord   et j'ai senti
de légers coups de rames   un bruissement   dans l'air
une pomme est tombée de l'arbre   une autre   tac tac   un rythme
discret   quelques bribes   il était là doucement victorieux

Joyful combat with the angel [extract]

on stealthy feet   but brutal feet   he arrived
I wasn't expecting him   he demanded attention
                                  said "here I am"
stretched himself out on the deckchair   caught me
                                  on the hop
he disturbed me and I didn't wish to know yet that
this was precisely what I'd been waiting for but his
                                  presence opened
all the windows   a deep wide breath held ever since
"since when don't you answer the door   since when
do you pretend to be deaf   since when
haven't you heard me?" he says to me "you know full well
one doesn't give the angel notice to quit"

that day he arrived without a sound when I was
sitting at the bar   he took hold of my shoulders   I jumped
"you again   you could give some warning that's
all I ask"   he said to me "yes   as it happens
you were expecting me   but enough of that! with your
                                  permission we'll
speak between the lines" and with a run-up he dived
from the springboard into the water magnificently

again I felt his presence when the light
pushed everything to the limit   the garden was so rich
so close to bursting   it could have rushed its borders
spilled over   and there I saw him   on the edge of the pool
perfectly balanced   on one foot before the green precipice

I fled   I shunned everyone   you can't play
forever with the angel   it was time for me to yield
I had to act quickly   otherwise I now know he'd have
                                  deserted me
and I'd have dragged him into this desertion   I'd have
                                  caused his fall
from angel status   I fled   there I listened to him
caution thrown to the winds   at first there was a great silence
stretched taut between him and me   I clung to the edge
                                  and I felt
light strokes of the oars   a rustle   in the air
an apple fell from the tree   another   tac tac   discreet
rhythm   a few snatches   he was there gently victorious

je peux nous aider à quelque chose me dit-il   c'est un risque
à prendre   mais si nous le voulions   nous pourrions essayer
de traverser le cadre   nous perdrions l'habituelle scène
du tableau mais nous gagnerions une fenêtre ouverte

ne voyez-vous pas   ne voyez-vous pas   s'ouvrir
à travers le trou dans le buisson   en vous baissant
de quelques centimètres   un autre projet   une autre perspective
entre la faïence jaune et le sac rouge   une route
qui mène tout droit à l'ouverture problématique de la haie
absolument noire   vite   il nous faut trouver une solution
pour avancer   oh! écoutez les moteurs des camions qui passent
de l'autre côté sur la route   et ces cris qui se déplacent
le bruissement des cyclistes   et le silence qui hardiment
prolonge le chemin dans le noir et cette pomme qui tombe de l'arbre

elle est si petite mais trop lourde   vous n'arriverez pas
à la saisir cette pomme en train de tomber lui dis-je
mais si   je la suis dans sa trajectoire verticale
et je l'arrête dans l'air   là   juste entre l'avion qui passe
et le haut de la haie   je la mange du regard et puis
je la laisse tomber dans les buissons si épais
que je ne peux pas la retrouver   alors j'en saisis une autre

à l'aube   allongé sur le guidon   sur son side-car
casqué de cuir   l'ange   sa casaque embrasée
bordée d'or sa vareuse   oh! c'est un beau spectacle
l'entrée dans les villages le matin orange les banderoles
sur les places tremblantes au passage   et tout de suite
de chaque côté les haies   puis les grands champs éclairés

non   n'insistez pas   ne me demandez pas de rester
n'insistez pas   si je m'installe   je vais disparaître
je ne fais que passer   je suis le passage   je l'ouvre
je passe à travers ce que j'ai ouvert   n'insistez pas
car entre nous   chère amie   vous le savez   je ne suis
qu'un petit espace   un intervalle   un léger déplacement
de l'air   ne me retenez pas sinon je vais disparaître
me dit-il   en frôlant ma joue d'un battement de son aile

I can help us with something he says to me   it's a risk
to take   but if we wanted   we could try
to break out of the picture frame   we'd say goodbye to
                                              the scene
as normally depicted but we'd gain an open window

don't you see   don't you see   opening up
through the hole in the bush   if you bend down
just a couple of inches   another project   another perspective
between the yellow earthenware and the red sack   a route
leading straight to the thorny issue in the hedge
absolutely black hedge   quick   we have to find a solution
to go forward   oh! listen to the truck engines as they pass
over there on the road   and those cries on the move
the swish of cyclists   and the silence which fearlessly
lengthens the path through the dark and that apple falling
                                              from the tree

it's so small but too heavy   you won't be able to
catch hold of that falling apple I say to him
I will though   I follow it on its vertical trajectory
and stop it in the air   there   just between the plane flying by
and the top of the hedge   I devour it with my eyes and then
I let it fall into the bushes so thick
that I can't find it   so I grab another

at dawn   resting on his handlebars   his side-car
wearing a leather cap   the angel   his cloak ablaze
his flying-jacket edged with gold   oh! it's a beautiful sight
entering villages in the morning orange streamers
in the trembling squares as we pass by   and straightaway
on either side the hedgerows   then the great lit fields

no   don't go on   don't ask me to stay
don't go on   if I settle down   I shall vanish
I'm only passing through   I follow the way   I open the way
I pass through what I've opened   don't go on
because between ourselves   dear lady   you know too well
                                              I'm only
a small space   an interval   a light displacement
of air   don't try to hold me back or else I'll disappear
he says to me   brushing my cheek with a beat of his wing

comment on y accède à cet espace? mais vous le savez
par ses bords   en les construisant   c'est délicat   ça nous échappe
c'est rigoureux   il ne faut pas fuir le moment où ça surgit
le jour se lève   on pourrait s'arrêter là   prendre de l'essence
le patron jette de grands seaux d'eau sur le carrelage
de la terrasse   il sort les tables   regardez   les rideaux sont tirés
dans les carlingues   des camions   il faudrait vous reposer
nous avons beaucoup voyagé cette nuit

[...]

how does one gain entry to that space? but you know how
via its edges   by constructing them   it's tricky   difficult to
                                                    pin down
it's rigorous   you mustn't run the moment it presents itself
day is breaking   we could stop here   get some petrol
the café owner slooshes large buckets of water over the tiles
of his terrasse   brings out chairs   look   the curtains
                                                    are drawn
in the cabs   of the trucks   you should get some rest
we did a lot of miles last night

[...]

Jo-Ann Leon

Biographie:

le 18 octobre 1994

Cher Monsieur,

Flattée que mes balbutiements aient pu trouver quelque écho auprès de vous-même ...

Pour répondre à votre demande expresse, je joins *exceptionnellement* une photo, en précisant que ma biographie ne présente aucun intérêt pour quiconque, pas même pour moi! ...

Me taxeriez-vous d'une curiosité déplacée si je pose la
question par quelle voie *Moments perdus* est arrivé jusqu'à
vous?
Bien cordialement —
    J. Léon

Essai:

Writing *about* poetry (and my own one): I find it even more
difficult and I am quite afraid you will find the result rather
poor.

Maybe we should keep on 'NEVER EXPLAIN, NEVER COM-
PLAIN!'

Et si la poésie occupait, dans le domaine des belles-lettres,
la place de l'impressionnisme en peinture, pour peu qu'on
admette que son rôle est de transcender le monde réel plutôt
que de créer un univers fictif? Pourquoi la beauté formelle
qu'elle recherche, le plaisir esthétique qu'elle est censée
procurer exclueraient-ils la subtilité d'esprit et l'expression de
quelques idées? La tentative de transformer celles-ci en
images évocatrices de sensations ne correspond-elle pas à celle
d'esquisser sur une toile les contours de ce qui est éphémère
par définition, d'y fixer la trace de l'instant fugitif qui passe?
Là où le peintre se sert de couleurs qu'il mélange, nuance,
juxtapose à sa guise, suivant l'inspiration mais aussi un
discernement dont la nécessité s'impose à lui, le poète choisit,
assemble, tresse une guirlande de mots qui ressemblent à
autant de notes d'un ensemble appelé à composer une
mélodie chantant au rythme de sons harmonieux dont la
musicalité reflète des sentiments éprouvés l'espace de ces
moments privilégiés que sont les instants d'émotions fortes.

Miroir de l'âme, la poésie se fait fort d'en refléter les états
et d'évoquer les sensations qu'ils font naître. Etre humain
parmi tant d'autres, le poète les a éprouvés à son corps défen-
dant, dans des circonstances vécues par lui seul. Il ne saurait
partager avec ses lecteurs ce qui appartient à son propre
passé. Mais il ne lui est pas défendu de caresser l'espoir,
peut-être insensé, de parvenir à éveiller un écho, à faire
vibrer les cordes d'une résonance harmonique que leur évo-
cation suscitera chez autrui. Pourquoi la sensibilité de quel-
ques-uns ne se trouverait-elle pas en phase avec la sienne? En

leur livrant ses impressions, il prend certes un risque mais court aussi sa chance, si minime fût-elle. Et pour peu que sa candeur soit suffisante, il se plaira à croire en elle.

Prend-il le parti de la lucidité, il doit avoir l'honnêteté de l'avouer sans ambages: un poème reste avant tout acte de libération, donc geste égoïste par excellence. Les sensations, les émotions suggérées par les mots assemblés au gré de sa fantaisie, l'auteur les a ressenties avec leur cortège de joies, de peines, de plaisirs et d'angoisses, d'indignation et de jubilation. Il en a éprouvé les tourments, le désespoir peut-être, celui des vaines interrogations, des questions posées sans espoir de réponse. Mais, démiurge confronté au chaos originel de ses sentiments, il entreprend, utopique architecte épris de beauté et d'esthétique, la rude tâche de l'ordonner pour lui donner forme et aspect harmonieux.

Le langage de la poésie est multiforme. Qu'elle se fasse cri ou soupir, qu'elle murmure ou tonne, qu'elle dénonce avec rage ou suggère à demi-mot, elle doit savoir parler au cœur de celui qui la lit et se montrera capable de deviner ses non-dits.

C'est sa seule raison d'être. Elle est suffisante pour qu'elle n'ait nul besoin de justifier son existence.

JO-ANN LEON

Biography:

18 October, 1994

Dear Sir,

Honoured that distant reverberations of my babblings have reached you [...] In reply to your requests, I'm *breaking my own rule* in sending you a photo. At the same time, I should add that my biography is of absolutely no interest to anyone at all, myself included! [...]

I hope you won't accuse me of unwelcome curiosity if I ask how you discovered my collection *Moments perdus* ?

Yours,
    J. Léon

Essay:

Writing *about* poetry (and my own one): I find it even more difficult and I am quite afraid you will find the result poor.

Maybe we should keep on 'NEVER EXPLAIN, NEVER COMPLAIN'!

[written in English]

What if poetry were held to occupy in the world of *belles lettres* the same place as Impressionism does in painting? If, that is, we agree that its role is to transcend the real world rather than to create a fictitious one. Why should the formal beauty it seeks, the aesthetic pleasure it is supposed to produce, exclude subtle workings of the mind and the expression of ideas? Isn't there a parallel between this ambition of transmuting them into images which evoke sensations and the attempt to sketch onto canvas the contours of something which is, by definition, ephemeral, painting's wish to fix the fugitive moment? Where painting uses colours, mixed, toned, juxtaposed (the painter chooses according not only to inspiration but also to ever-present dictates of judgment), so the poet makes choices, puts elements together, composes garlands of words resembling notes played by a musical ensemble asked to produce a melody. This melody sings on a rhythm of harmonious sounds whose music, whose musicality evoke feelings, fleeting privileged moments of intense emotion.

Poetry, the soul's mirror, believes in its own power to reflect the soul's several conditions, to capture the feelings it creates. As one human being among so many others, the poet experiences these feelings involuntarily, uniquely. Poets cannot share with readers what belongs to their own, particular past. However, they may still entertain the possibly senseless hope that their poems will stir echoes, strum harmonious chords in another person. Why shouldn't some people's sensibility be tuned precisely to that of poets? By offering their impressions, certainly they take a risk; but there is a chance, however slight, that it will pay off. And so long as they write honestly, poets can believe in their luck.

A poem is above all an act of liberation, and thus it amounts to supreme egotism. The writer feels sensations, the emotion of words gathered together under the aegis of creative imagination. The writer knows all the attendant joy, sorrow, pleasure, anguish, indignation, celebration. Poets have experienced the torments, perhaps the despair of asking futile questions. But: a demiurge face to face with the primordial chaos of emotion, a utopian architect haunted by thoughts of beauty and aesthetics, the poet takes on the harsh task of shaping that chaos into form and harmony.

The language of poetry is protean. Cry or whisper, gentle murmur or thunder, angry denunciation or hint or half-word, poetry must speak directly to the heart of its readers, who are capable of hearing what it is not saying.

That is its only *raison d'être*. By being what it is, poetry need do nothing to justify itself.

Selected bibliography:

POETRY:

Moments perdus (Le Méridien, 1987)
Instants retrouvés (Le Méridien, 1989)
Poèmes d'un amour inutile (Le Méridien, 1989)
Poèmes du temps oublié (Le Milieu du Jour, 1991)

APHORISMS:

Lapidaires (Le Méridien, 1988)
Fragments d'idées non reçues (Le Méridien, 1990)
Contredits (Le Milieu du Jour, 1992)
Le Cœur a ses raisons (Privately printed; undated)

Maîtresse-femme

Comme je les envie,
Celles qui savent pleurer,
Boire jusqu'à la lie
L'amer vin tiré.

Les larmes sont des gouttes
De pluie qui abreuvent
La terre noire de doutes
Où nos rêves se meuvent.

Qu'importe qui je suis,
Si je vis ou meurs,
Moi que chaque nuit
Fait trembler de peur,

Puisque le matin
N'en voit pas la trace :
Visage de satin,
Yeux calmes de la race

De celles qui résistent
Et jamais ne plient,
Dont la vie consiste
En tourments qu'elles nient.

L'Escargot

Un escargot tout seul
Se traîna sur la route,
Sans goût, l'humeur morose
Et les deux cornes en berne.

Soudain, il vit une feuille
Qui était bien vivante
Et avait des couleurs
A faire damner un saint.

Elle folâtra, coquette,
Et d'un pas nonchalant,
Charmante danseuse légère,
Lui ouvrit le chemin.

Mistress-wife

How I envy women
Who know how to cry,
Can drink the glass dry
Of life's sour wine.

Tears are drops of rain
Ending the drought
In black lands of doubt
Explored by our dreams.

Who cares who I am,
If I live or die,
I whom every night
Makes tremble with fright,

Since by morning
All's how it was:
Satin-smooth face
Calm eyes of that race

Of women who hold out
And won't be bowed,
Whose long life consists
Of pain disallowed.

Snail

A snail down on its uppers
Hauled itself along the road,
Dyspeptic, out of sorts,
Horns dipped in sad salute.

Suddenly it saw a leaf,
Sap-happy, full of beans,
In technicolour hues
To make Vermont go green.

Showed some thigh, this foliage flirt,
Swung some hip, all nonchalant.
What a lovely little mover,
Breezing on there, out in front.

L'escargot se hâta
Et, bientôt essoufflé,
Se mit à implorer
Ce petit feu follet :

«Viens donc dans ma maison,
«Viens, tu y seras bien,
«Entourée, tout au chaud —
«Je prendrai soin de toi.»

La feuille, pour toute réponse,
Lui fit un pied de nez,
Puis tira révérence
En criant, déjà loin :

«Je n'aime que le vent,
«C'est lui seul qui me prend,
«Ses fantaisies d'amant
«Donnent des frissons grisants.

«Toi, tu es trop pépère
«Pour savoir me plaire.
«Moi, qui m'envole en l'air
«Ne me plais pas à terre.»

L'escargot s'arrêta.
Reprenant son chemin,
Il trouva la feuille morte
Un petit peu plus loin.

The snail got its skates on,
And soon, with thumping heart,
Went down on one suction-pad
To woo the flighty frond.

"My place or yours? Go on,
Say yes. You'd like my pad,
It's nice and warm upstairs.
I'll take care of you alright."

Guess what the leaf replied ...
"One finger, sonny, up yours.
On your bike." Quick curtsy,
Rev of engines, chocks away.

"I'm in love with the wind,
Way out of your league, I'm afraid.
You should hear the things he comes up with,
He gets all us girls in a whirl.

You snails, you're too down to earth,
No drive: so, sorry, no dice.
Let me give you some advice:
Keep your eyes glued to the ground ...
Nice try, boyo. See you around."

The snail stood rooted to the spot,
But then got up a head of steam.
A dozen snail's paces ahead,
It tracked down the leaf lying dead.

Défense

Ne me regarde pas
Avec ces yeux doux
Qui éveillent en moi
D'insensés rêves fous.

Ne me parle pas
Avec cette voix sourde
Qui laisse mon corps las
Et rend ma tête lourde.

Ne me touche pas
Avec ces mains dures
Qui m'imposent la loi
De caresses impures.

Ne m'embrasse pas
Avec cette bouche chaude
Qui, par coups d'éclat,
Me prendra en fraude.

Ne m'appelle plus
De ce cri sauvage,
Longue plainte que je crus
Remontée des âges

Et qui ne fut rien,
Pas même de plaisir,
Mais coupa le lien
D'un fugace désir.

Defence

Don't look at me
With bedroom eyes
Destroying me
Between the thighs.

Don't speak to me.
I'm ruined by
Your voice's deep
Dark lullaby.

Stop touching me
With those harsh hands.
Your fingers reach
Forbidden lands.

Stop kissing me
With fevered mouth
Too suddenly
Catching me out.

Don't call to me.
I hoped you'd be
The wild lament
Of memory.

Your words were pure
And simple dust,
The perfect cure
For gadfly lust.

La Fleur

Tu m'as souri
Dans ta vitrine,
Petite fleur pâle,
Tendre, fragile,
Aux pétales doux
Et plus soyeux
Que les cheveux
D'un jeune enfant
Que l'on effleure
Du bout des doigts
En une caresse
Juste ébauchée,
A peine osée
Et toute légère
Comme une plume
Gracile qui danse
Au gré du vent.

Je te souris
Dans ta vitrine,
Petite fleur pâle,
Toi que personne
Ne m'offrira.

Les Demoiselles

J'ai dormi cette nuit
Avec des Demoiselles
Aux seins mûrs comme des fruits,
Femmes ondoyantes et belles,

Prêtresses incantatoires
Aux grands yeux en amande
Qui, geste expiatoire,
Présentent des offrandes.

Leur histoire m'a émue,
Elle a nourri mes rêves
D'une légende inconnue,
Echouée sur la grève

Flower

You smiled at me
From your window
Frail tender little
Pale flower.
Soft petals
Softer than silk
Children's hair
We like to touch
With fingertips just
Nervously considering
A light caress
Like the ballet
Of a feather
In a slip-
Stream of air.

I smile at you there
In your window,
Small pale flower
Whom nobody
Will offer me.

Demoiselles

Last night I slept
With Demoiselles.
In the grace of their valleys,
In their apple-harvest of breasts.

Dream sisters of a magic church,
With fine wide eyes,
They offer altar gifts,
Rites of atonement.

Their story moved me,
Nourishing my sleep
With an unknown legend,
Tumbling and spreading

De la mer de nos songes
Où, la lumière éteinte,
L'obscurité nous plonge
Pour échapper aux craintes,

Aux tristes réalités
Qui sont celles de nos jours
Lourds de la cruauté
De paroles sans détour.

La Poupée

Je suis la poupée qu'on remonte,
Qui dit bonjour, qui dit bonsoir,
Je fais pipi sans aucune honte
Et je n'ai jamais peur du noir.

Je ferme les yeux à la demande,
En souriant, je suis polie.
Quand on me fait des réprimandes,
Je pleure tout en restant jolie.

Je suis coquette, mes robes sont belles,
Mes boucles blondes et roses mes joues,
La parfaite petite fille modèle
Dont tout le monde se déclare fou.

Mais un jour, on a trop joué,
Mon corps parfait s'est brisé net.
Stupeur! Le monde, longtemps floué,
A bien savouré ma défaite.

La vérité, elle fut affreuse,
Car à la place où bat le cœur,
Je dus l'avouer, pauvre gueuse :
J'ai un micro-ordinateur.

On the sand-bars of our dreams,
Where failing light descends
Through darkness, plunging us
(To wrong-foot our fears)

Into sad realities,
Our lives spent
In the arm-lock of language,
With our backs bent.

Doll

I'm the doll who has the key.
I say hello, I say good night.
Unblushingly I do a wee
And after dark I don't take fright.

Tip me up, my lids come down.
I smile politely, never frown.
When people start their jibes and jeers
I still look pretty through my tears.

I'm pink and golden, squeaky clean.
The goodest-two-shoes ever seen!
I'm very cute, my frocks are nice.
The model girl, all sugar'n'spice!

The game is up, though. Before long
My perfect body starts to crack.
The public knows what's right and wrong
And asks to get its money back.

The truth of things is hard to bear.
I must confess that bang slap where
There ought to be a human heart
Ticks my computer, state of the art.

ANNE PORTUGAL

Biographie:

Née à Angers, Maine-et-Loire, 1949. Agrégée de lettres modernes. Vit et travaille à Paris.

Essai:

Dans mon dernier recueil, organisé autour du motif biblique de «Suzanne et les vieillards», se dessine la posture inouïe de la poésie, exposée nue, dans un enclos, à la convoitise, et à la condamnation programmée de deux vieillards — soit toujours sommée de s'expliquer par des lecteurs qui datent et dont le désir s'emballe à seule fin de la perdre aux yeux de tous. De cela nul discours ne la sauve que sa souveraine indifférence. Elle est «au milieu d'un pré», un élément, un morceau, un médium, un moyen d'en savoir plus sur rien. Secret le plus simple de la littérature, «le plus simple appareil».

Ne l'occupe que l'espace qu'elle se choisit et investit par un balisage systématique et selon une disposition qui tient plus du modèle fragile de la géométrie dans l'espace que du sublime. A partir de là, elle peut travailler à ses objets les plus fantasques et les plus hétéroclites dotés d'un moteur complexe et simple, dont le mode d'emploi est souvent fourni avec. Ces machines sont porteuses d'une mécanique-surprise qui peut les faire dérayer ou faire exploser au visage pour que rien ne pèse sur le sens immédiat ou l'installation définitive.

C'est une poésie sans illusion, qui ne sauve rien. On pourrait dire d'après Gethsémani, comme on dit aussi d'après un peintre. Ces méchantes-machines-joujoux voudraient composer une perfection imaginaire obtenue par l'imperfection même, ou bien l'outrance. Bref, une poésie par le rire, par du secret sans mystère. Circulez! Y'a rien à voir! Elle cherche la tension vers le mi-chemin, et s'applique à franchir, «légère surtout légère», des ponts suspendus au-dessus du vide, sans vertige, et même avec de gros sabots.

ANNE PORTUGAL

Biography:

Born 1949, Angers. Received Agrégation de Lettres Modernes. Lives and works in Paris.

Essay:

In my last collection, which takes the biblical 'Susanna and the Elders' as its central motif, poetry—naked in an enclosed space and striking an extraordinary pose—exposes herself to lust and to the censure which has been programmed into two old men, as if she were expected to give a never-ending explanation of herself to passé readers whose desire is fuelled merely that poetry might be condemned in the eyes of everyone. Argument will not save her, only a sovereign indifference. She is in the 'middle of a meadow', an element, a fragment, a medium, a means of knowing more about nothing. The simplest secret of literature, 'the simplest apparatus'.

She is concerned only with the space she has chosen for herself and supplied with a set of markers arranged in a way that owes more to the fragile model of spatial geometry than to anything sublime. On this basis, she can work on her most whimsical, heterogeneous objects, which come supplied with a complex and simple motor. The instructions for use are often included. These machines have a built-in surprise mechanism which can cause them to work loose, or to explode in your face so that nothing impedes immediate sense or stops them being set up exactly as they should.

It is a poetry without illusion, which saves nothing. We could say 'after Gethsemane', as we say after such-and-such a painter. These wicked-machine-toys would like to make an imaginary perfection from imperfection itself, or, if not, then extravagances. In short, poetry through laughter, through secrecy without mystery. Keep moving! Nothing to see here! She looks for tension at about the half-way stage, and, 'light brighter than all light', she concentrates on crossing bridges thrown across the void without getting giddy, even with huge clogs on her feet.

Selected bibliography:

La Licence, qu'on appelle autrement parrhésie (Gallimard, 1980)
Les commodités d'une banquette (P.O.L., 1985)
De quoi faire un mur (P.O.L., 1987)
Fichier (M. Chandeigne, 1992)
Le plus simple appareil (P.O.L., 1992)

le bain [extraits]

il est mieux de connaître son nom
de présenter la scène
par son nom
ça ouvre sur un pré

la valeur d'un serment
posé à même le vert
et l'approximation de l'aisance
et de la charité

ma Suzanne
est violette je pense
et grasse
grave non son prénom
en Suède serait
violent

j'ai posé à Bayeux
une femme grasse
sous l'arbre de la liberté
l'espace bleu entre les branches
a dessiné la tête des deux vieux

elle qui prendrait un bain
en tournant le dos à la scène
ne sentant pas dans quoi
elle s'engage alors je lui dirais
qu'ici les deux vieillards seraient
gelés vraiment secs et leur
regard aussi ne pourrait
pétiller quoique la glace
pique au vif aussi les os des vieux

Suzanne ce paysage va bien aux blondes

                parce qu'un bâtiment
la baignoire
peut opportunément contenter
ma Suzanne
il faut de l'eau dedans
de la pluie
étrangère

bathing [extracts]

it's better to know her name
to introduce the scene
by its name
it opens on to a meadow

the worth of an oath
given at green level
and the approximation of ease
and charity

my Susanna
is violet I think
and plump
grave no her first name
in Sweden would be
violent

I posed in Bayeux
a plump woman
under the tree of liberty
the blue space between branches
shaped the two old people's heads

she who'd take a bath
with her back turned to the scene
not understanding what
she's letting herself in for I might tell her
that here the two old folk would be
frozen dry to the bone and their
eyes wouldn't sparkle
either although ice also
stings old bones to their very marrow

Susanna this land suits blondes so well

                    because a construction
the bath
can at the right moment content
my Susanna
water is needed in it
rain
from elsewhere

(c'est au milieu d'un pré)

première activité
la cuillère
une forme associée
l'arceau
veux-tu qu'Alice
non Sigourney Weaver
la journée commençait
et puis les deux couillons

    pas de rideau
    pas de rideau

dégage dégage la bande-titre du film

   que fait le compresseur
  et le déroulement qui avance
   et nous qui le sentons
    et le seau
    de goudron
     à l'arrière
     à l'arrière

   installe ta baignoire là
   juste où va défiler
   la piste d'atterrissage

[...]

Suzanne est trempée
dans le champ de Normandie je pense
qu'elle trône et qu'elle est nue
comme un pommier fleuri

pourquoi tant d'amabilités
j'ai sauté sur une mine
Suzanne
je n'ai rien empêché
il faut éviter à tout prix
l'extravagante issue des mules
et le peignoir surtout
en satiné

(it's the middle of a meadow)

first activity
the spoon
a form associated
arch
do you want Alice to
no Sigourney Weaver
the day was beginning
and then the two wankers

no curtain
no curtain

space clear a space   the strip-title of the film

what's the steam-roller doing
and the unfolding now in progress
and we who feel it
and the bucket
of tar
in the back
in the back

put your bath over there
just where the runway
is going to stretch itself out

[...]

Susanna is soaked
in the Normandy field I think
she's queening it there naked
like an apple-tree in bloom

why so many niceties
I've stepped on a mine
Susanna
I've prevented nothing
what must be stopped at any price
is the extravagant issue of mules
and the dressing-gown especially
with the satin finish

et la température qui s'en soucie au fond
tous les poèmes sont froids
sur le bateau-usine

Suzanne aussi n'est réchauffée
que parce qu'elle est nue
c'est «l'affaire des placards»
où l'on revient à la prohibition
au manteau de fourrure
l'armure du roi pêcheur

[...]

ah le dauphin c'est chic
ça vous soulève une nef
de reine en moins de deux
aussi pour ta baignoire
les pieds que précipite
en haut la masse
recouvriront des vagues en cheveux
des Dioné (sa mère)
des homologoumènes à têtes bêtes
tu reviendras souvent

c'est un vaisseau porté par de multiples vagues

journée d'animation rurale
les apiculteurs se bougent
    en cosmonautes
un baiser à la reine chère chère
étendue de corps secs

le ruban d'or-décoration
voilà Suzanne l'offre à l'ennui
    au cœur sec

il suffirait d'un animal plus familier
pour se désassembler
le zzzzzzz qui court entre les doigts
l'eau noire
l'air que faisait la fermeture-éclair autrefois

and the temperature who cares frankly
all poems are cold
on the factory-ship

Susanna as well has warmed up only
because she is naked
it's McCarthyism
the return to prohibitions
to fur coats
the armour of the Fisher King

[...]

ah the dolphin now that's the thing
it can lift up a royal ship
just like that
and as for your bath also
the feet thrown
up by the mass
will re-cover waves like hair
Venus fly-trap hair (the mother)
crazed counterparts with stupid heads
you'll come back often

it's a vessel carried on wave after wave

day of rural activity
the beekeepers move
    like cosmonauts
a kiss for the dear dear queen
a spread of dried bodies

the golden ribbon-decoration
there's Susanna giving it up to boredom
    to the dry heart

a more familiar animal would do
to take apart
the zzzzzzz running through fingers
black water
the whoosh of air caused by the zip-fastener once

comme elle alluma une cigarette
il arriva
que le plus grand cendrier qu'elle trouva fut le bain

un jeune homme qui dessinait des plans
correspondait à son type
il y en avait trois

ce qui fit tout jeter cigarette et fumée
jeter à la volée
et plutôt rire

sa taille comme le tour du potier
se visse
même l'objet à l'horizon maritime disparaît

seulement l'occasion de sentir
comme les autres
la douceur d'un coin de terre

when she lit a cigarette
it so happened
that the largest ash-tray she found was the bath

a young man sketching plans
corresponded to her type
there were three

which caused the lot to be thrown cigarette and smoke
flung rather than thrown
and laughter rather

her waist like a potter's wheel
turns on its thread
even the object on the sea-horizon disappears

just the chance to feel
like the others
the sweetness of a little patch of land

GISELE PRASSINOS

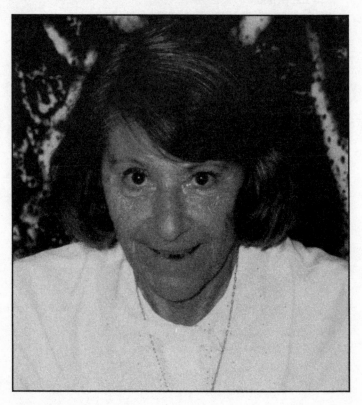

Biographie:

Née à Constantinople 1920. D'origine grecque. Sa famille fuit la Turquie 1922. S'installe à Nanterre, Paris. Etudes primaires, quelques années au lycée Racine, puis à St-Germain-en-Laye.

Essai:

Paris, le 1er octobre 1994

Excusez-moi d'avoir tardé à répondre à votre lettre [...] J'ai été longuement malade, je le suis encore.

[...] Je suis incapable d'écrire sur la poésie, de dire ce qu'elle est, je me contente d'en écrire, quand je peux!

Je suis contente, bien sûr, de figurer dans votre anthologie et vous remercie d'avoir pensé à moi. Les poèmes de *La Fièvre du labour*, datent de 1989, depuis je n'en ai pas écrit.

Je vous prie de croire, monsieur, à mes sentiments les meilleurs, et je souhaite du succès à votre livre.

G. Prassinos

P.S. La photo est horriblement réaliste.

Commence à écrire des textes automatiques en 1934. Fait connaissance des surréalistes. Publiée 1935 pour la première fois et jusqu'à la guerre par Guy Levis Mano. Avec son frère Mario, elle fréquente Max Jacob, presque un voisin, jusqu'à son départ en camp de concentration.

A partir de 1937, elle exerce les métiers de sténodactylographe à Paris, puis de jardinière d'enfants à l'Ecole Active de St-Cloud, pour redevenir secrétaire dans une galerie de peinture jusqu'en 1954. C'est le moment où, en collaboration avec son mari, Pierre Fridas, elle traduit plusieurs œuvres du romancier grec Kazantzakis. Traductions qui l'incitent à écrire elle-même des romans. Son premier livre d'adulte est une autobiographie: *Le Temps n'est rien*. La suivront un second roman, un recueil de nouvelles puis trois autres romans.

En 1974 — depuis l'enfance elle aime bricoler en compagnie de son frère — elle se met à la fabrication de bonshommes de bois puis d'une série de tentures faites d'applications de feutrine sur fond de toile, cousues à la main. Ce qui donnera naissance à un livre *Brelin le frou*. L'éditeur de ce récit, Pierre Belfond, expose bois et images de feutre. D'autres séries du même travail seront montrées à Paris et au Luxembourg.

En 1986 — Gisèle Prassinos se met exclusivement à écrire des nouvelles et des poèmes, dans une moindre mesure.

GISELE PRASSINOS

Biography:

Born 1920, Constantinople. Greek origins. Family forced to leave Turkey 1922. Settles in Nanterre, Paris. Educated in Paris (lycée Racine) and St-Germain-en-Laye.

Essay:

Paris, 1st October 1994

Dear Sir,

Forgive me for the delay in answering your letter. I've been ill for a long time, and I still am [...]

I'm incapable of writing about poetry. I won't try to say what it is. I limit myself to writing it, when I'm able to!

I'm happy to be included in your anthology, of course, and I thank you for having thought of me. The poems in *La Fièvre du labour* date from 1989, and since then I've written nothing.

With every good wish for the book,

Yours,

G. Prassinos

P.S. The photo is all too horribly realistic.

Prassinos began to do automatic writing in 1934, when she first came into contact with the Surrealists. She was first published in 1935, by Guy Levis Mano, who remained her publisher until the Second World War. Prassinos and her brother Mario frequented Max Jacob, a near neighbour, until he was deported to a concentration camp.

From 1937, she worked as a secretary in Paris, and then at a kindergarten, Ecole Active de St-Cloud. Subsequently, she was once more a secretary until 1954, this time in an art gallery. From this date, she and her husband Pierre Fridas translated several works by the Greek novelist Kazantzakis. This gave Prassinos the impetus to write novels of her own. Her first 'mature' book was *Le Temps n'est rien*, followed by a second novel, a collection of short stories, then three more novels.

Ever since childhood she and her brother loved making things with their hands, and in 1974 she began to construct wooden figures, and a series of wall hangings done by hand-stitching felt onto cloth. This resulted in her book *Brelin le frou*. Its publisher, Pierre Belfond, organised exhibitions of Prassinos's wood sculptures and her tableaux made of felt. There were similar exhibitions in Paris and Luxembourg.

Since 1986, Prassinos has limited herself to writing short stories and poems; her output has declined considerably.

Selected bibliography:

POETRY:

L'Homme au chagrin (G.L.M., 1962)
La Vie la voix (Flammarion, 1971)
Petits Quotidiens (Commune mesure, 1974)
Comptines pour Fillottes et Garcelons (L'Ecole des loisirs, 1978)
Pour l'arrière saison (Belfond, 1979)
Le Ciel et la terre se marient (Ouvrières, 1979)
Comment écrivez-vous? (Folle Avoine, 1984)
L'Instant qui va (Folle Avoine, 1985)
La Fièvre du labour (Motus, 1989)

SURREALIST WORKS:

La Sauterelle arthritique (G.L.M., 1935)
Une Demande en mariage (G.L.M., 1935)
Facilité crépusculaire (René Debresse, 1937)
Le Feu maniaque (Robert J. Godet, 1939)
Le Rêve (Revue Fontaine, 1947)
Les Mots endormis (Flammarion, 1967)
Trouver sans chercher (Flammarion, 1976)

NOVELS:

Le Temps n'est rien (Plon, 1958)
La Voyageuse (Plon, 1959)
La Confidente (Grasset, 1962)
Le Visage effleuré de peine (Grasset, 1964)
Le Grand repas (Grasset, 1966)
Brelin le frou (Pierre Belfond, 1975)
Mon cœur les écoute (Imprimerie quotidienne, 1982)

STORIES:

Le Cavalier (Plon, 1961)
Le Verrou (Flammarion, 1987)
La Lucarne (Flammarion, 1990)
La Table de famille (Flammarion, 1993)

En guise de Préface

L'inspiration n'est pas servile
on peut la supplier ... Rien.
L'invention à froid, même fertile
il faut se rudoyer un brin
            et puis
l'attention, ça se défile
si l'on ne cerne le terrain.

Construction narration, quelle bile!
on voudrait tant épater les huiles.

Heureusement qu'ils sont malins
        les écrivains.

Confusion

—C'est bien vous qui écrivez?
—Non, c'est mon voisin d'à côté.
Y'a de quoi devenir cinglé.
Nuit et jour, vous m'entendez
il vocifère sans s'arrêter.
Avec des roulades des sanglots.
Des mots quoi! des mots des mots!
Sa femme qui les prend au filet
les coince dans des livres en effet.

. . . .

—Mais ... vous êtes bien Monsieur Dupont?
—On m'appelle ainsi par mon nom.
Et voyez, pour ne plus supporter
ce braillard dégénéré
en somme pour occuper ma tête
je fais des lignes à l'aveuglette
que je jette dans les tinettes
... après avoir écrit mon nom.

—Alors, Monsieur Dupont
saperlipopette
c'est bien vous
le génie des égouts!

A kind of preface

Inspiration's not servile
you can plead with it till you're blue in the face ...
Cold-start invention, I don't care how fertile,
needs a lot of choke, and in any case
                              care and
attention both take off while
you kid yourself you own the place.

Structure, narrative, that kind of shit
just to get column inches, a name in lit. crit.

Thank God they're not bull-shiters,
                              writers.

Confusion

"You're that writer! I know it, I'm sure!"
"Sorry to disappoint, it's the fellow next door.
He rants and raves non-stop
around the blank blank clock.
Honest to God, I'm going off my rock-
er. He sobs like a crocodile, trills like a bird ...
Word after word after word after word!
His wife catches them in her butterfly net,
sticks them in books. Now she's got the whole set."

. . . .

"But ... isn't your name Wright?"
"Yep, hole in one, that's me alright.
What it is is this: to shut out
those crazed decibels (can't shout
him down), to take my mind off it,
I scribble lines, and flush them down the shit-
hole (Beg pardon! I mean john)."

"Well, Mr Wright, don't be modest, come on!
It's *you* the literary brains,
the unsung genius of the drains!"

Sans Façon

—*Moi? J'écris normalement.*
—*C'est-à-dire, comment?*
—*Devant mon établi*
avec mes outils
et mes petites souris.
Si elles se taisent
je suis à l'aise.
Quand elles se mettent à couiner
je dois préparer mon papier.
Ce n'est pas facile à traduire
ce que dans leur langue elles veulent dire.
Parfois ça fait de jolies chansons.

—*Alors, dites-moi donc*
ce n'est pas de vous ces flonflons?

Œuvrons cachés

—*Moi, j'œuvre dans un placard.*
C'est plus douillet, c'est à l'écart
et personne ne peut m'y voir
rouler des crottes en papier
ou mettre les doigts dans mon nez.

CAR

les mots sont paresseux et peu courtois.
Les appâter les haler
est un travail de condamné.
Quand on les tient c'est agaçant
ils se disputent intensément.
Pour sûr il faut les séparer
les gifler ou les raisonner
et pour finir . . . les ranger.
Dans le noir comme je n'y vois goutte
ce n'est pas facile on s'en doute.

Alors au bout d'un moment je renonce.
Ils déguerpissent et moi je pionce.

No airs and graces

"Me? I write in the normal way."
"How exactly, would you say?"
"Well, in my den I've laid
out the tools of my trade:
my PC and its little mouse.
So there I sit at the top of the house,
quite content for my mouse not to squeak.
But when my computer winks and wants to speak,
I have to get my act together, load
a diskette (whatever next!), examine the code,
get my head round so much macaroni.
Surprise, surprise, what it spews out's not *all* boloney!"

"So tell me then, these
files, this superscript, these F9s, these keys,
these F4s
aren't yours?"

Beavering on the quiet

I work in a cupboard, if you want to know.
It's a cosy sort of place no-one would go
looking for me ... if I want to pick my nose
and get to work on the extracts, no-one knows.

FOR

words are lazy slobs, got no social grace.
Try luring them back to your place,
it's whistling in the wind, sheer bloody murder.
Manage to catch some, it's like you stirred a
hornets' nest, they buzz around stinging each other.
What you've got to do is play at being mother,
smack them, pull them apart, send them upstairs.
Not easy, though. Not many of us have the knack
of shadow-boxing in a cupboard darkroom-black.

So stuff it, these fighting words can keep.
They vamoose, I fall asleep.

Procédé

—*Je me mets sur la tête.*

—*Mais encore?*

—*Je fais des galipettes.*

—*Et alors?*

—*Je joue de la trompette.*

—*Ça c'est fort!*

—*Peut-être mais ça sort...*

En syllepses en hypallages
en métaphores en engrenages
en synecdoques en catachrèses
en ellipses et en bâtons de chaises ...

Emploi du temps

Le lundi je fourbis ma plume.
Le mardi j'ouvre mon carnet
et le mercredi je m'assieds
*   pour commencer.*

Mais le jeudi j'attrape un rhume
le vendredi j'ai mal au pied.
Enfin le samedi je m'assume
et le dimanche je me branche.
*   Ça y est!*

Ways and means

"Well, I do head-stands."

"Come off it!"

"I walk on my hands."

"What of it?"

"I play sarabands."

"Blowing your trumpet?"

"Ha ha! But out it

Comes, in syllepsis, in hypallage,
in metaphors, small cogs and large,
in synecdoche, ellipsis, in catachresis,
a tearaway tongue which does what it pleases ..."

Timetable

Monday I switch on my PC,
Tuesday I shove in the software,
Wednesday I settle in my chair,
        OK, let's see ...

But Thursday I start to sneeze,
Friday my foot begins to seize.
Saturday still zilch to show for it—
So Sunday I stop messing, switch on
        and go for it!

Pratique

—*Compagnon indulgent*
cultivé et intelligent
le dictionnaire
fait mon affaire.

Au hasard page trente-trois
je mets le doigt
et voilà : je lis «carquois».
Calligraphié, consigné
ce mot attend des associés.

Page soixante-six
je pêche «saucisse»
et page cent neuf
je décolle «veuf».

Allons, je vous laisse deviner
ce qu'avec ce beau combiné
je vais pouvoir aménager.

In actual practice

Subtle friend, free
of parti pris,
my dictionary
's just right for me.

My aleatory pin pricks
page number seventy-six.
What have I stabbed, then? "Sheath".
Captured there, this word awaits
the company of associates.

All the sixes, sixty-six!
I prick "Sausages on sticks".
When I go to one - o - nine,
"Widower"'s on the bottom line.

So, I'll let you work out what
charts of meaning I can plot
with these fine beauties I've now got.

Le pain frais
sous le couteau qui l'abaisse
attend dignement sa blessure.

—

Nulle fleur nul arbre
nul astre ni prairie
ne me porte amour.
Sur l'asphalte lui
si gai le moineau.

—

Et pour quel feu
ou contre lui
les marronniers
ouvriraient-ils leurs ombrelles?

—

C'est le papillon de la mort
qui a répété trois fois je t'aime
au cœur de la rose
et qui l'a brisé.

—

J'ai un soleil de toi sur la langue
une fraîcheur d'église aux mois chauds.
Mais dans mon cœur défait
la glycine qui se penchait
hier sans avenir.

—

Fresh bread
under the knife pushing it down
with dignity
awaits its wound

—

No flower at all no tree
no star nor meadow
brings me love.
On the asphalt there he
is bright as you like
the sparrow.

—

And for which fire
or against it
would chestnut trees
open up their parasols?

—

It's the butterfly of death
in the heart of the rose
which three times has repeated I love you
to the heart of the rose
and broken it.

—

Of you I have on my tongue a sun
the cool of a church in hot weather.
But on my heart's segments
the wistaria which yesterday bent
to its lack of future.

—

JACQUELINE RISSET

Biographie:

Née à Besançon 1936. Professeur de littérature française, III Università di Roma. Membre du comité de rédaction de *Tel Quel*, 1966–83. Traductrice aussi bien qu'auteur.

Essai:

La poésie se lie pour moi à une sorte d'expérience mystique
— au sens de rupture radicale — dans son sens étymologique:
silence. Le paradoxe, et le défi, étant celui d'écrire ce qui ne
peut être écrit, ce qui sort de la sphère que Musil appelait
'ratioïde'. Et, de la même façon que ce type d'expérience
interrompt le flux normal du temps, il brise aussi l'identité du
sujet qui la vit. En ce sens l'identité dite «féminine», qui
comporte déjà en elle une forme d'*ironie*, devient «désiden-
tité», l'ironie s'étend à l'infini.

L'apparition de l'instant — comme fragment arraché à la
trame — et l'épiphanie — comme vision ou énigme minimale
— sont les deux modalités principales de cette écriture. Les
mots portent l'expérience, ils portent à la fois sa trace, sa
force inexplicable, et la tension, qui lui est essentielle, vers
l'acte, vers le déchiffrement.

JACQUELINE RISSET

Biography:

Born 1936, Besançon. Teaches French literature at Rome
University. Member of editorial board of *Tel Quel*, 1966–83.
Translator as well as original writer.

Essay:

Poetry for me is linked to a kind of mystical experience—in
the sense of fundamental break—in its etymological meaning
of *silence*. The paradox, and the challenge, is to write that
which cannot be written, that which sets itself free from the
world which Musil labelled 'ratioid'. But, in the same way
that this type of experience interrupts the normal flow of
time, it also destroys the identity of the subject who lives it.
In that sense, so-called 'female' identity, which already
contains a form of *irony*, becomes 'dis-identity', and irony
multiplies to infinity.

The moment revealed—fragment torn from the weave—
and epiphany—vision or enigma in its minimal form—are
the two principal modalities of this writing. Words are the

bearers of experience, of its mark also, its inexplicable force, and its necessary tension, which they carry on its journey towards expression and understanding.

Selected bibliography:

POETRY:

Jeu (Seuil, 1971)
La Traduction commence (Christian Bourgois, 1978)
Sept Passages de la vie d'une femme (Flammarion, 1985)
L'Amour de loin (Flammarion, 1988)
Petits éléments de physique amoureuse (Gallimard, 1991)

ESSAYS:

L'Anagramme du Désir (Bulzoni, 1971)
L'Invenzione e il Modello (Bulzoni, 1973)
Dante écrivain (Seuil, 1982)
Marcelin Pleynet (Seghers, 1988)
La Letteratura e il suo doppio (Rizzoli, 1992)
Scritti su Fellini (Scheiwiller, 1994)

TRANSLATIONS:

Francis Ponge: Il partito preso delle cose (Einaudi, 1968)
Poeti di Tel Quel (Einaudi, 1968)
Dante: La Divine Comédie (Flammarion, 1985–90). Prix Kaminsky and Premio Nazionale per la Traduzione.

Spring

l'air de New York sent la cerise
vers minuit   dans les clubs
par effluves

et dans la douzième rue
en ce moment début avril
les cerisiers fleurissent
avec difficulté
chaque jour
dans le froid

Due to the quality
of entertainment there will be
a five dollar charge

et la main du contrebassiste
à la fois là-bas dans l'image
et ici dans l'air dans son corps

s'est posée un instant sur le cou
sur le bois
—doux animal

you tell me when
long distance call
quand les jetons descendent

«bien sûr», dit la voix sereine
à l'autre bout
vers Pâques

vertes coupoles du muséum
grand ciel

Spring

the New York air smells of cherry
round midnight   in the clubs
waves of it

and on 12th Street
at this moment in early April
cherry trees bloom
with difficulty
each day
in the cold

> *Due to the quality*
> *of entertainment there will be*
> *a five dollar charge*

and the bass player's hand
both there in the image
and here in the air in his body

has come to rest for an instant on the neck
                on the wood
                        —soft animal

> *you tell me when*
> *long distance call*
> when the call is connected

"of course" says the serene voice
at the other end
                        around Easter

green domes of the museum
wide sky

pendant ce temps le pianiste accélère
entre les airs s'éponge le front
chante à voix basse

main d'ange

BIRD

elle trouve ces mots écrits
dans l'ascenseur :

descend

appelle

«Ange»

and LIVES

De Bacchus et Ariane

Quelqu'un dit : «Appelle-moi
même au cœur de la nuit»

et maintenant à partir de sa voix
je suis dans ce cœur-là

vrai soleil noir

d'où distraite à ma table

je ne l'appelle pas puisqu'il est déjà là
manquant à chaque instant avec force et douceur

il dit : «l'absence»
il dit : «la semaine a passé
comme une année»

et moi j'écoute quand il parle
émerveillée sur cette plage
cailloux remués par la vague

meanwhile the piano-player speeds up
between breaks wipes his forehead
sings in a low voice

angel hand

BIRD

she finds these words written
in the elevator:

comes down

calls

"Angel"

and LIVES

Of Bacchus and Ariadne

Someone says: "Call me
even in the heart of darkness"

and now from his voice onwards
I am in that heart

true black sun

thus absent-minded at my table

I don't call him because he's here
missed at each moment with softness and strength

he says: "absence"
he says: "the week seemed
like a year"

and I, I listen as he speaks
full of wonder on that beach
pebbles stirred by the sea

on ne voit presque aucun paysage
soleil noir lumière d'or
cailloux bougeant
à chaque fois dans la vague

je t'écoute entourée d'impossible
mais tu parles tu ris
«et tous ces chats»
«qu'allons-nous faire?»

—ami emmène-moi dans ce char
avec les tigres qui nous tirent

enfin enfin dans le plafond peint
autour de nous foule en peinture

tu es le roi de ce pays grec
venant d'Orient

dans la forêt tu m'as dit que l'oracle
ne se consulte pas deux fois

j'écoute :
          «la difficulté initiale»

tout le parcours de l'illusion
est parcouru en une seule phrase

almost no contours of land
black sun golden light
pebbles moving
with every push of the waves

surrounded by impossibility I listen to you
but you speak you laugh
"and what of all these cats then
what are we going to do?"

—friend take me away in your chariot
drawn by tigers

in the end in the end on the painted ceiling
around us a pictured crowd

you are king of this Greek land
coming from the East

in the forest you told me the oracle
can't be consulted twice

I listen:
          "the initial difficulty"

the whole length of illusion's trail
is covered in a single phrase

Instants I : L'Eclair

De tout instant l'image
plus brillante plus courte
est l'éclair amoureux

la plus forte est d'enfance
choc—étrange, elle,
nymphe absente

traversant les forêts qui s'éloignent
miroirs
salons des glaces

L'éclair a surgi comme un trou
dans le temps secret des journées
longue lumière (calme)

je te retrouve et tout à coup
matin de brume
regard du palais sur la ville

je vois :
toute la vie tendant vers ce point
vers ce point vide

vers ce toi qui n'est pas un être
un manque—
«mes enfants, dit la jolie mère

s'attristant, vous me faites
—elle dit ce mot bizarre : «dénaître»
et l'accablement se dissipe

comme buée—dans le rire
Mot venu d'où? d'une autre mère sans doute
inventant aussi par mémoire

ainsi de suite?

                         ★

Instants I: Lightning flash

Of any moment the image
which dazzles most is the shortest
is the lightning flash of love

the strongest is of childhood
shock—strange, this image,
absent nymph

crossing receding forests
reflecting
halls of mirrors

The flash erupted like a hole
in the secret part of days
long light (calm)

I manage to find you and suddenly
morning of mist
the palace surveys the town

I see:
all life bent on that point
on that empty point

towards that you which is not a being
a lack—
"my children," says the pretty mother

becoming sad, "you make me"
—then this bizarre word: "unbirthed"
and despondency lifts

thinning like steam—in laughter
Word brought in from where? from another mother no doubt
also inventing with memory

and so on?

          ★

c'est comme elle qu'il faut être
—et sans rien sans tristesse
contente

«Contente?»
on se réjouit aussi de l'à-peu-près :
d'avoir des mots élémentaires

des mots pleins, des adjectifs
rumeurs de jeux et aventures
comptant ses trésors, ses billes

évidemment c'est autre chose
dans l'instant vide on n'est personne
on n'a rien ni personne

passage aigu d'oiseaux dehors
ou tard le soir seule hirondelle
criant dans le demi-sommeil

cri envolé
sillage
et rien sinon

A présent peut-être après des années
          —la mise en place—
un calme inconnu se charge de tout

gracieux et discret dans ses gestes
ah respiration de l'ensemble
vue

it's like her we should be
—with nothing with no sadness
content

"Content?"
there's happiness too in the near-enough:
in possessing some basic words

full words, adjectives
the vague noises of games and adventures
counting up our treasure, our marbles

of course it's something different
in the empty moment we are no-one
we have no-one nothing

shrill fly-past of birds outside
or in the late evening solitary swallow
calling in the hinterland of sleep

a cry on the wing
trail
and nothing otherwise

At present perhaps after some years
        —putting in position—
an unknown calm takes on everything

graceful and discreet in its movements
ah breath of the whole
scene

AMINA SAÏD

Biographie:

Née à Tunis, 1953. Vit et travaille à Paris. Etudes de langues et de littérature anglophone. Se partage entre l'écriture, l'enseignement, le journalisme et la traduction. Collabore à diverses publications et participe à des lectures, à des rencontres, à des débats, en France et à l'étranger. Bourse accordée en 1989 par Le Centre National des Lettres.

Essai:

Depuis toujours, l'écriture est pour moi, outre une interrogation perpétuelle (n'est-ce pas, en effet, quand naissent les questions sans réponses que commence la création?), le désir de réaliser une présence à soi, mais aussi au monde, de trouver l'exacte distance entre le réel et soi. L'écriture elle-même naît d'une distance. Cette dernière est signifiée par le langage. Et la poésie est, à mes yeux, un, ou le moyen de «saisir» cette distance.

La poésie, peu à peu, est venue combler le gouffre intérieur; elle est, peu à peu, devenue médiation — entre soi et le monde, soi et les autres, soi et soi. Dira-t-on jamais assez que le poème, l'œuvre, est l'aboutissement de ce processus qu'est la création, processus impliquant la construction permanente de soi?

Mes poèmes accueillent les éléments cosmiques et tout ce qui rend cette planète hospitalière, tout comme ils accueillent ce qui la rend inhabitable. Alors, le réel fait intrusion dans un espace qui s'élargit à la terre entière. Le poète est ce veilleur attentif, ce guetteur méditant aux carrefours du monde, dont tour à tour la splendeur, le drame, la cruauté lui donnent le vertige. Au poète, Reverdy disait de ne pas perdre ce «rang de spectateur particulier et supérieur, subtil, pénétrant, imaginatif et capable de relier toutes choses par des rapports qu'il est seul capable de leur découvrir et de faire voir».

Le spectacle du monde ranime en nous le désir d'accéder à notre être véritable et entier, comme celui d'habiter pleinement le monde. Ainsi, le premier pas vers ce type d'accomplissement — la capacité d'être — est peut-être dans cette attention constante accordée à l'autre, dans l'amour; mais aussi à celle accordée à la terre où nous vivons. De là naît, pour qui sait voir, sentir, écouter, un émerveillement jamais perdu, un mystère toujours renouvelé.

Si nous vivons dans le temps du monde, le temps horizontal qui est le temps commun, le temps historique, le temps de la vie et de la mort aussi, nous avons accès au temps vertical: le temps du sacré, celui de la liberté, de la création, le temps de l'œuvre, de la poésie, cette «ébauche d'infini». Créer, c'est substituer au temps du monde le temps de l'œuvre. En quête d'éternité, qui est absence de temps, le poète tente de capter l'instant qui, s'il est fugace et périssable, est pourtant un «au-delà du temps», une sorte d'absolu. Et il est des instants lumineux, des instants dits «de grâce». L'intérêt accordé à la mémoire — qu'elle soit individuelle, collective ou originelle (c'est-à-dire antérieure à tout autre) — est lié à la réflexion sur le temps.

Le poète sait bien que son chant, s'il tend vers la lumière, est une traversée non pas seulement du silence, non pas seulement de la grande nuit du monde, mais de sa propre nuit. Symbole ambivalent, puisque, dans sa version définitive, elle est une image de la mort, la nuit est aussi une source de l'élan créateur qui cherche à se faire jour. Car la nuit contient la promesse de l'aurore, est annonciatrice de lumière. Lorsque la nuit affirme notre sommeil, qui est plus que sommeil, elle s'anime d'une vie mystérieuse, dont au matin nous devenons les scribes appliqués. Car ce sont aussi nos mondes intérieurs qu'infatigablement nous tentons de dégager de nos propres décombres, afin de parvenir à une énigmatique clarté.

AMINA SAÏD

Biography:

Born 1953, Tunis. Lives and works in Paris. Studied English language and Anglophone literature. Divides her time between writing, teaching, journalism and translation. Has published seven collections of poetry, two of which have received prizes. Many poems anthologised and translated. Has travelled and lectured widely in France and elsewhere. Involved in a variety of publications.

Essay:

Writing has always been for me, besides a perpetual questioning (isn't it indeed when unanswerable questions arise that creation begins?), the desire to establish something that is present to the self but also to the world, to find the exact distance separating the self from the real. Writing itself is born of distance. A distance which is signified by language. And poetry in my view is one, or rather, the means of 'marking' that distance.

Bit by bit, poetry has come to span the internal chasm. Bit by bit, it has become the mediation, between self and the world, self and others, self and the self. It cannot be repeated enough that the poem, the corpus of poems, are the culmination of that process which is creation, a process which implies the permanent construction of oneself.

My poems embrace cosmic elements and everything which makes the planet welcoming, in the same way that they embrace everything which makes it uninhabitable. Then, the real intrudes on a space which expands until it becomes the entire world. The poet is the alert figure standing on the lookout, the thoughtful watchman at the world's crossroads, a world whose splendour, drama and cruelty each in its turn makes the poet feel giddy. Reverdy used to say to poets that they should not lose that 'rank of special and superior spectator; subtle, incisive, imaginative and capable of joining things together with ties which the poet alone is able to locate and display'.

The spectacle of the world rekindles in us the desire to gain access to our authentic, whole being, as it does the wish to live fully in the world. And so, the first step towards this type of accomplishment—the capacity to be—is perhaps that particular and unswerving attentiveness to another person, which we call love. But it is also the attention paid to planet earth, where we happen to live. From this there arises, for the person who knows how to look, feel and listen, a sense of marvel which never goes, an endlessly renewed mystery.

If we live in the world's time, a horizontal time which is common time, historical time and the time too of life and of death, we also have access to vertical time. That is, the time which belongs to the sacred, to liberty, to creation, the time of creative work, of poetry, the 'sketch of infinity'. To create is to replace the world's time with that of the created work. In the search for eternity, which is absence of time, the poet tries to capture the instant, which, though fleeting and evanescent, is nonetheless a sort of absolute 'beyond time'. And there are numinous instants, instants 'touched by grace'. The interest shown in memory—whether individual, collective or original (that is, existing before any other)—is linked to a reflexion on time.

For all that it tends towards light, the poet knows full well that poetry is a journey through more than silence, more than the great night of the world. It is a journey through the poet's own darkness too. Ambivalent symbol, since in its definitive version night is an image of death; but it is also a source of that creative, light-seeking impetus. For night contains the promise of dawn, it is the herald of light. When night affirms our sleep, which is more than sleep, it breathes with a mysterious life, whose dedicated scribes we become in the morning. For it is also our inner worlds which tirelessly we try to rescue from the debris we are, in order that we may reach an enigmatic, clear light.

Selected bibliography:

POETRY:

Paysages, nuit friable (Barbare, 1980)
Métamorphose de l'île et de la vague (Arcantère, 1985)
Sables funambules (Arcantère/Ecrits des Forges, 1988)
Feu d'oiseaux (Sud, 1989). Prix Jean-Malrieu, 1989.
Nul Autre Lieu (Ecrits des Forges, 1992)
L'Une et l'Autre Nuit (Le Dé bleu, 1993). Prix Charles-Vildrac
Marcher sur la terre (La Différence, 1994)

PROSE:

Le Secret et autres histoires (Critérion, 1994)

IN COLLABORATION:

Pour Abdellatif Laâbi, anthologie (Rupture/La Table rase, 1982)

comme un arbre
en équilibre sur le jour
tu t'habilles d'oiseaux

la lumière ne pèse pas

en ce corps
que cherches-tu

contre le mur
une bouche crie

—

aveugles à toute lumière
nos corps de pierre
gisant au cœur de la caverne

lieu de nuit
où la nuit fait couple
avec la nuit

place au bruissement de nos ombres
nos doubles obscurs
errant dans le sillage de la terre
inaptes encore à vivre
dans le rayonnement du monde

place aux lambeaux inspirés
de notre histoire

place à la beauté rugueuse
à la branche où éclate
la chair passagère du fruit

place à la tour intacte
déjà plus haute que les flammes
au dieu fiévreux qui s'y montre
aussitôt achevé par les foules
leur souffle humilié
un nœud coulant autour du cou

place au témoin qui se lève
à l'infinie brûlure
de ses paroles devinées

place au temps qui s'éveille

—

like a tree
poised on day's fulcrum
you dress up in birds

the light has no weight

in this body
what do you seek

against the wall
a mouth cries

—

blind to every light
our stone bodies
lying deep in the cave

place of night
where night
partners night

space for our shadow-murmur
our dark doubles
rudderless in the earth's wake
unfit still to live
in the radiating world

space for the torn inspired rags
of our history

space for rasping beauty
for the branch where the brief flesh
of fruit bursts

space for the standing tower
taller already than flames
for the fervid god emerging
to his instant death
done in by the crowd
their humiliated breath
a rope noosed round his neck

space for the witness who rises
for the infinite burn
of his uncovered words

space for time opening its eyes

—

à Abdellatif Laâbi

voyageurs sans retour
il nous faut une trêve

(dans le doute
la vérité se fait jour)

voyageurs sans retour
sur les routes profondes
de la parole

il suffit d'une seconde d'inattention
pour les funambules que nous sommes

nos ailes disent l'élan
l'envol est une espérance de lumière

notre étoile se perd
au dos de l'infini

for Abdellatif Laâbi

one-way travellers
we need a truce

(where doubt lives
truth comes to light)

one-way travellers
journeying on language's
deep roads

a split second of distraction
all that's needed
for the high-wire act that we are

our wings beat on an up-sweep of air
launching a hope of light

our star disappears from sight
on the back of endlessness

au grand feu de la terre
durcit cette argile périssable
façonnée de nos mains

pour quelles dérisoires conquêtes
sommes-nous entrés
dans le sexe volcanique du monde
sa brève et violente ouverture
son miracle convulsé où tremble
l'obscure lèvre d'une rose

démasquer le silence
qui se construit d'un souffle
nous effleure avant de se refermer
invisible et secret

cet espoir nous anime

les oiseaux nous regardent
quand nous passons ils se taisent

car un mot après l'autre
nous avançons ignorant le but
de trop bien le connaître

un mot après l'autre
leur chaîne inquiète
sur le fil incertain

je suis le lieu où je suis tombée
je suis le lieu d'où je viens
celui où je vais

in earth's great fire
mortal clay hardens
worked by our hands

what feeble conquests
led us into
the earth's volcanic sex
its quick violent opening
dark rose-lip trembling
in the spasms of a miracle

unmask silence
made of a breath
brushing us before closing again
invisible and secret

this hope gives us life

birds observe us
and cease their song as we pass

because one word after another
we advance unaware
of our goal
knowing it all too well

one word after another
laced nervously
on a dubious thread

I am the place where I fell
I am the place where I began
the place where I am going

SILVIA BARON SUPERVIELLE

Photo: Fina Gómez

Biographie:

Née Buenos Aires, 1934. De descendance espagnole par sa mère uruguayenne et de descendance française par son père argentin. A commencé à écrire poèmes et nouvelles en espagnol, sa langue natale. Se fixe à Paris en 1963, et à la suite de huit années de réflexion et de silence, reprend ses ouvrages directement en langue française. A traduit en français des écrivains argentins tels que Borges, Macedonio Fernández, Alejandra Pizarnik, Roberto Juarroz; et en espagnol la poésie et théâtre de Marguerite Yourcenar.

Essai:

Le profil muet

La poésie est une musique. Cette musique m'habite, insonore mais vivante, brûlante; elle tourne autour de mes oreilles, s'ouvre dans mes yeux, m'accompagne comme l'ombre. C'est le profil changeant d'une ombre étrangère que j'essaie de contrefaire; de contrarier sur les papiers. Une ombre fugitive, insaisissable, pleine. La plupart des fois elle n'apparaît point, comme si son soleil était destiné à l'absence, cependant qu'elle existe invisiblement sous la brume, les nuages, le soleil. L'intercepter de mon corps: cette ombre m'engage à passer entre le ciel et la terre.

Intercepter le silence. La poésie est un silence. Un silence comparable à une lumière sous-jacente autour de moi, en moi, sur les papiers. Je sais que si je me penche sur la table, ce silence sera appelé à se verser goutte à goutte et que, subtilement, la pointe effilée de la plume se dégagera de mon cœur et répandra sur la page (la plage) le bref tremblement d'un dessin. La poésie est un dessin qui exprime le silence. Un dessin dépourvu de figure.

C'est changer de place un cœur sien et de l'autre, de l'air. C'est l'air que je respire et l'air qui me manque. L'air libre que je lis. Je le retrouve dans les profondes couleurs d'une peinture, dans la ligne de l'horizon, le flux et le reflux de la mer sur le sable. Comme si la couleur, la ligne, le mouvement eussent été recréés.

Quelquefois, il me semble que c'est le journal que je pourrais écrire, jour après jour, même si je n'écris pas. Lorsque je n'écris pas, il s'écrit mieux, avec le pas, le contre-pas, le trajet de la lumière, la flamme du crépuscule. Plus le temps s'écroule sur mes épaules, plus s'efface le battement du pas sur le chemin et croît le profil muet du feu.

SYLVIA BARON SUPERVIELLE

Biography:

Born 1934, Buenos Aires, of mixed Spanish and French descent. Began writing poems and short stories in Spanish, her native tongue. Travelled widely in Europe, then settled in Paris, 1961. Eight fallow years, then began writing again, poems and prose works, this time in French. Has translated into French the work of such Argentinian writers as Borges, Macedonio Fernández, Alejandra Pizarnik and Roberto Juarroz; and Yourcenar's poetry and theatre into Spanish.

Essay:

Silent profile

Poetry is music, music which lives in me, soundless but alive, burning. It swirls around my ears, opens in my eyes, accompanies me like a shadow. It is the changing profile of a strange shadow which I try to imitate, to pinion to my sheets of paper. A fugitive shadow, elusive, rich. Mostly it fails to appear, as if its sun were doomed to absence while at the same time invisibly alive inside mists, clouds, sun. I have to intercept it with my body. This shadow forces me to pass between sky and earth.

Intercept silence. Poetry is silence, a silence which compares with a hidden light all around me, in me, on my paper. I know that if I pore over my paper, this silence is called on to shed itself drop by drop and that, subtly, the sharpened point of my pen will remove itself from my heart and will spread across the expanse the brief trembling of a drawing. Poetry is a drawing which lets silence speak. A drawing devoid of figures.

It is making one's own heart change places with that other one, with air. Air which I breathe, air which I lack. The free air which I read. I find it in the deep colours of a painting, in the line of the horizon, the ebb and flow of sea on sand. As if colour, line, movement had been recreated.

Sometimes I think I might make poetry my daily journal, even if I do not actually write. When I am not writing, it writes itself better, speedily, at half-pace, the path of light, the flame of twilight. The more time seeps onto my shoulders, the more muffled becomes the sound of steps along the road, the greater the unspeaking profile of fire.

Selected bibliography:

Plaine blanche (Carmen Martinez, 1980)
La Distance de sable (Granit, 1983)
Le Mur transparent (Thierry Bouchard, 1986)
Lectures du vent (José Corti, 1988)
L'Or de l'incertitude (José Corti, 1990)
Le Livre du retour (José Corti, 1993)
L'Eau étrangère (José Corti, 1993)

TRANSLATIONS INTO SPANISH:

Marguerite Yourcenar, *Les Charités d'Alcippe* (Visor, 1982)
                              Théâtre: tome I (Lumen, 1983)
                              Théâtre: tome II (Lumen, 1986)

A l'Encre

quand je me penche
sur la feuille

tombe jusqu'au
fond une médaille
qui gagne son
frappement

—

une larme
de feu
franchira
le front
blanc

—

le crayon
de l'hiver
inspire dans
le balcon
des grilles
fumantes

—

nuit et jour
je sculpte
dans la table
latérale un
retable d'or
et d'ombre

—

à l'image du vocable
dénué de sa langue
dont le profil lucide
allumerait la prière
distraite du pèlerin
et dont l'accent muet
renvoyé sur l'océan
module la destinée
entre chemin et pas

—

In ink

when I pore
over sheets

there falls to the
depth a medal
successfully
struck

—

a tear
of fire
will clear
the white
brow

—

winter's
pencil
breathes into life
the smoking
rails
of the balcony

—

night and day
I carve
in the lateral
table a
retable of gold
and shade

—

in the image of word-sound
stripped of expression
whose lucid profile
might inflame the pilgrim's
wayward prayers
and whose mute utterance
thrown back over water
modulates a destiny
between path and step

—

en soufflant
à peine
sur les mots
froissés
dans l'âtre

—

entre espace
et terre
voix et vide
mot et vent
de l'écho
inachevé

—

je scie
        l'os
sourd

de l'air

—

des signes
en losange
disposent
le silence
du jardin

—

il y avait loin
dans entendre
la plume reporter
le bord des mots
dans consentir
ou correspondre
au sable envolé
des papiers

—

by breathing
faint breath
on words
crumpled
in the hearth

—

between space
and earth
voice and void
word and wind
of the echo
without end

—

I sever
        deaf
bones

of air

—

signs
shaped like diamonds
lay out
the garden's silence

—

there was distance
in hearing
the pen copy out
the very edge of words
in consenting
or matching
the air-borne sand
of papers

—

jour après jour
j'alimente
la salamandre
qui abandonne
sur la page
sa lueur

—

une fourmi
ouvrière ivre

conduit
l'expédition
du tracé

—

à l'encre
j'écris

contre
les cris
à blanc

—

autant que
le trait
incise

de ceci à
mesure je
sors

—

de lui prêter
une figure

de revêtir
son silence

une ombre
blême forme
le papier

—

day after day
I nourish
the salamander
which abandons
on the page
its glow

—

an ant
drunken worker

leads
the route-mapped
expedition

—

in ink
I write

against
blank-loaded
cries

—

as much as
the line
draws its cut

from this bit by
bit I
quit

—

giving it
a face

assuming
its silence

a colourless
shadow forms
the paper

—

comment
le poing
absorbait
le poids
blanc

—

j'ai vu cette main
courir et le mot
s'arrêter

j'ai vu ce mot
me voir me voler
de mes yeux

et reprendre dans
la main isolée
sa course

—

au dos de
la page
se grave
le verbe
dérobé

—

éclairs à
distance

neige neuve
du rêve

gouttes
à sourdre
du feu

—

how
the fist
absorbed
the blank
weight

—

I have seen this hand
move fast and the word
stop

I have seen this word
see me fly
from my eyes

and find again in
the solitary hand
its course

—

on the reverse of
the page
is engraved
the stolen
word

—

flashes at
a distance

new snow
of dreams

droplets
to spring
from fire

—

MARGUERITE YOURCENAR

Biography:

Marguerite Antoinette Jeanne Marie Ghislaine Cleenewerke de Crayencour was born in Brussels in June 1903 of a French father and a Belgian mother. Her mother died ten days after giving birth. Yourcenar enjoyed a private education directed by tutors. Her father taught her Latin when she was ten and Greek when she was twelve, and gave her an appreciation of many great writers whose works they read aloud together. Yourcenar travelled widely and read voraciously. Her first two works were published privately under her adopted pseudonym, Yourcenar. In 1939, with the outbreak of war, Yourcenar accepted an invitation from a friend, Grace Frick, to give a six-month lecture tour in the USA. Grace became her lifelong companion and Yourcenar lived in the USA for the rest of her life, taking American citizenship in 1947 and changing her name officially to Yourcenar. In 1951 she published *Mémoires d'Hadrien*, the fictional memoirs of the Roman Emperor Hadrian, which earned her international renown. This was followed by a second historical novel, *L'Œuvre au noir*, about a sixteenth-century philosopher-alchemist, which won her the Prix Femina in 1968. In 1981, she was the first woman to be admitted to the Académie française in recognition of her vast literary and critical œuvre. Yourcenar experimented with many genres, including poetry, theatre, short stories, novels and autobiography. Undoubtedly, her strength lay in novel-writing, which in turn produced an original autobiography built on both personal recollection and a rich cultural archive. She died in 1987.

Essay:

Yourcenar went to great lengths to convince her readers that the death of her mother in childbirth had left her unscarred. Her mother's absence, Yourcenar argued, was more than made up for by the presence in her childhood of Jeanne de Vietinghoff, her mother's friend and later her father's lover. Yourcenar talked of an 'espèce d'adoption' ('a kind of adoption': *Quoi? L'Eternité*, p. 127), and dedicated a series entitled *Sept poèmes pour une morte* to Jeanne. Her father was an altogether more tangible influence on Yourcenar's life, and in her discussion of him in an interview given to Matthieu Galey, she described him as 'peut-être l'homme le plus libre que j'aie connu' ('perhaps the freest man I have ever known': *Les Yeux ouverts*, p. 24). Yourcenar inherited her father's need to be free, in addition to his love of the classics and his desire to create something which would endure through time. Looking at a statue by Michelangelo, it struck Yourcenar's father 'que ces marbres ont existé avant que je sois là et qu'ils y seront après' ('these sculptures existed before me and will do so after I have gone': *Les Yeux ouverts*, p. 27). It was perhaps this desire to create writing which would endure through time which shaped her early writing style. Yourcenar's early poetry, like much of her early prose, reflects a slavish dependence on rigid classical form and content.

Denier du rêve, a novel written in 1933 and rewritten in 1959, about the lives of various characters living in fascist Italy, is full of mythical allusions, many of which Yourcenar later removed in an attempt to make her characters' motivation more credible and less rigid. Similarly, her early poetry is prosodically perfect but often lacks a certain conviction. From various sources it is clear that Yourcenar attributed little credit to poetry written outside the strict rules of versification. In theory, she wished her poetry to deal with emotions rather than intellectual abstractions, but in practice the rigid structures within which she wrote kept bringing her back to certain themes and a particular vocabulary.

It is clear from Yourcenar's work that she never felt the freedom in the writing of verse that she experienced writing prose. She made the following exhortation to Dominique Le Buhan in a letter about poetry: 'vous êtes trop philosophe pour ignorer que temps et lieu ne sont que des concepts qu'on peut écarter pour retrouver sous eux un temps biologique et un lieu cosmique véritables. Rien ne vous empêche d'être un poète «d'un autre temps», ou/et de tous les temps' ('you're too philosophically minded not to know that time and space are only concepts which can be discarded in favour of what lies behind them, biological time and cosmic space, both of which are more true. Nothing prevents you from being a poet "of another age" and/or of all time').

Ironically, Yourcenar achieved this very liberation from linear time and space in her prose but seldom in her poetry. She acknowledged this fact in 1978 in a letter to Jean Roudaut: 'J'ai joué ma carrière d'écrivain sur la prose de sorte que le vers n'est plus qu'un sous-produit' ('I have staked all my writing career on prose with the result that verse has ended up as nothing more than a by-product').

Nevertheless, this 'by-product' was to yield ideas which Yourcenar would explore more thoroughly in her prose. Yourcenar finished *Les Charités d'Alcippe* with the line

'J'existe à tout jamais dans ce que j'ai donné' ('I exist for all time in what I have given'). This notion of identity approaches that of the young Hadrian who must 'apprendre à se mesurer aux hommes et aux choses, à commander, et, ce qui finalement est peut-être un peu moins futile, à servir' ('learn to measure himself against men and things, to lead, and, something which ultimately is perhaps a little less futile, to serve': *Mémoires d'Hadrien*, p. 48). Similarly the idea that one may come to an understanding of oneself only through an awareness of all that is other than self is clearly expressed by Yourcenar in the lines: 'Tout ce que j'ai cru mien se dissout et chancelle' ('all I thought was mine dissolves and wavers') and 'Je ne me trouve plus qu'en me cherchant ailleurs' ('I can now only find myself by looking elsewhere': *Les Charités d'Alcippe*, p. 12). These lines anticipate the narrator's observation in *L'Œuvre au noir* that 'Zénon lui-même se dissipait comme une cendre au vent' ('Zeno himself vanished like ash in the wind': p. 237). Most convincingly of all, the nature of death as it is expressed in her prose recalls fragments of her poetry. Yourcenar writes in 'Intimation' in *Les Charités d'Alcippe*:

> 'La mort est notre seule porte
> Pour sortir d'un monde où tout meurt'
> ('Death is the only exit
> From a world where all dies': p. 79.
> See also p. ?? of this anthology).

Several years later in *L'Œuvre au noir*, Zeno's death is described as 'un bruit suraigu de porte qui s'ouvre' ('the shrill noise of a door opening': p. 443).

It is evident that Yourcenar's poetry heralds much of what is forthcoming in her mature prose. She seems to have found the rigours of versification unsuited to her need to work and rework ideas within a text. There is no doubt that in the case of Yourcenar poetry was the first step on a long and fulfilling literary journey. In the interview with Galey, she comments: 'Presque tous les écrivains commencent, ou commençaient par écrire des poèmes. Ce qui est naturel, parce qu'on est soutenu aussi bien que contraint par un rythme. Il y a un élément de chant. Il y a un élément de jeu et de redites, qui rend les choses plus faciles. La prose, c'est un océan dans

lequel on pourrait très vite se noyer' ('Nearly all writers
begin, or began, by writing poems. Which is quite natural,
because rhythm is as supportive as it is constraining. It has an
element of song. It has an element of play and of repetition,
making things easier. Prose is an ocean in which all too
quickly one could drown': *Les Yeux ouverts*, p. 53).

Selected bibliography:

Novels and stories:

L'Œuvre au noir (Gallimard, 1968)
Denier du rêve (Gallimard, 1971)
Mémoires d'Hadrien (Gallimard, 1971 & 1974)
Alexis ou le traité du vain combat—Le coup de grâce (Gallimard, 1981)
Anna, soror ... (Gallimard, 1981)
Comme l'eau qui coule (Gallimard, 1982)
Un homme obscur—Une belle matinée (Gallimard, 1985)

Poetry and prose poems:

Feux (Gallimard, 1974)
Les Charités d'Alcippe (Gallimard, 1984)

Essays and memoirs:

Essais et mémoires (Gallimard, 1991)

Theatre:

Théâtre I (Gallimard, 1971)
Théâtre II (Gallimard, 1971)

Biography and essay
by Sally A. Wallis, University of Exeter.

Le poème du joug

Les femmes de mon pays portent un joug sur leurs épaules.
Leur cœur lourd et lent oscille entre ces deux pôles.
A chaque pas, deux grands seaux pleins de lait s'entrechoquent
                                                    contre leurs genoux;
L'âme maternelle des vaches, l'écume de l'herbe mâchée gicle en
                                                    flots écœurants et doux.

Je suis pareille à la servante de la ferme;
Le long de la douleur je m'avance d'un pas ferme;
Le seau du côté gauche est plein de sang;
Tu peux en boire et te gorger de ce jus puissant.
Le seau du côté droit est plein de glace;
Tu peux te pencher et contempler ta figure lasse.
Ainsi, je vais entre mon destin et mon sort;
Entre mon sang, liquide chaud, et mon amour, limpide mort.
Et lorsque je serai sûre que ni le miroir ni le breuvage
Ne peuvent plus distraire ou rassurer ton cœur sauvage,
Je ne briserai pas le miroir résigné;
Je ne renverserai pas le seau où toute ma vie a saigné.

J'irai, portant mon seau de sang, dans la nuit noire,
Chez les spectres, qui eux du moins viendront y boire.
Mais avec mon seau de glace, j'irai du côté des flots.
Le gémissement des petites vagues sera moins doux que
                                                    mes sanglots;
Un grand visage pâle apparaîtra sur la dune,
Et ce miroir dont tu ne veux plus reflétera la face calme de
                                                    la lune.

Epitaphe, temps de guerre

Le ciel de fer s'est abattu
Sur cette tendre statue.

Journaux quotidiens

Le strontium descend des hauteurs du ciel bleu.
Donnez-nous aujourd'hui notre pain quotidien, mon Dieu!

Yoke poem

The women where I come from bear a yoke on their
                                          shoulders.
Their slow grave hearts tick tock between these two poles.
At each step two great pails brimming with milk bang
                                 against their legs;
Milk-cows' mother-soul, the foam of chewed grass gushes in
                                     soft sickly streams.

I am like the servant-girl on the farm;
I stride the length of pain with a firm step.
The left-side pail is full of blood;
You may drink your fill of that strong juice.
The right-side pail is full of ice;
Lean over it and study the fatigue on your face.
And so I pass between my destiny and my fate;
Between my blood, warm flow, and my love, limpid death.
And when I can be sure that neither mirror nor drink
Can any more distract or reassure your wild heart
I won't smash the resigned mirror;
I won't spill the pail where my whole life has bled.

I'll go, bearing my pail of blood, into black night,
To be among ghosts—they at least will drink.
But with my pail of ice I'll head into the tide.
The moan of little waves will be less gentle than my sobs.
A great pallid face will appear on the dune,
And this mirror you reject will give back the calm face of
                                            the moon.

Epitaph in time of war

A steel sky's smashed to smithereens
This lovely tender figurine.

Daily papers

Out of a blue heaven, a shower of strontium-90.
Give us this day our daily bread, Lord God Almighty!

Poème pour une poupée achetée
dans un bazar russe

Moi
Je suis
Bleu de roi
Et noir de suie.

Je suis le grand Maure
(Rival de Petrouchka).
La nuit me sert de troïka;
J'ai le soleil pour ballon d'or.

Presque aussi vaste que les ténèbres,
Mais tout aussi fragile qu'un vivant,
Le moindre souffle émeut mon corps sans vertèbres.

Je suis très résigné, car je suis très savant :
Ne raillez pas mon teint noir, ni mes lèvres béantes,
Je suis, comme vous, un pantin entre des mains géantes.

Intimation

La mort approche, et sa rumeur :
Frère, Ami, Ombre, que t'importe?
La mort est notre seule porte
Pour sortir d'un monde où tout meurt.

Poem for a doll
bought in a Russian bazaar

Me
I am
Royal blue,
Black with soot.

I am the great Moor
(Petruschka's rival).
I use night as my troïka;
The sun is my golden balloon.

Almost as vast as the shadowlands
But as fragile as a living person,
The least puff moves my invertebrate body.

Very knowledgeable, I am very resigned:
Don't mock my skin's darkness nor my gaping lips,
I am, as you are, no more than a puppet held in giant hands.

Intimation

The Knight of Death rides in to close the final square:
Brother, Friend, Shadow, don't pretend you care!
Death is the board's last remaining gate
Out of a farewell world trapped in checkmate.

Gares d'émigrants : Italie du Sud

Fanal rouge, œil sanglant des gares;
Entre les ballots mis en tas,
Longs hélements, sanglots, bagarres;
Emigrants, fuyards, apostats,
Sans patrie entre les états;
Rails qui se brouillent et s'égarent.

Buffet : trop cher pour y manger;
Brume sale sur la portière;
Attendre, obéir, se ranger;
Douaniers; à quoi sert la frontière?
Chaque riche a la terre entière;
Tout misérable est étranger.

Masques salis que les pleurs lavent,
Trop las pour être révoltés;
Etirement des faces hâves;
Le travail pèse; ils sont bâtés;
Le vent disperse; ils sont jetés.
Ce soir la cendre. A quand les laves?

Tantôt l'hiver, tantôt l'été;
Froid, soleil, double violence;
L'accablé, l'amer, l'hébété;
Ici plainte et plus loin silence;
Les deux plateaux d'une balance,
Et pour fléau la pauvreté.

Express, lourds, sectionnant l'espace,
Le fer, le feu, l'eau, les charbons
Traînent dans la nuit des wagons
Des dormeurs de première classe.
Ils bondissent, les vagabonds.
Peur; stupeur; le rapide passe.

Bétail fourbu, corps épuisés,
Blocs somnolents que la mort rase,
Ils se signent, terrorisés.
Cri, juron, œil fou qui s'embrase;
Ils redoutent qu'on les écrase,
Eux, les éternels écrasés.

Emigrant stations: Southern Italy

Red lamp, the stations' bleeding eye;
From down among the piled high bundles,
Long calling, sobs and fights;
Emigrants, apostates, on-the-run citizens
Of no country, caught between states;
Rails tangle then drift away.

Buffet: the food is too expensive;
A dirty haze on the door's window-panes;
Wait, obey, keep good order;
Customs officials: what's the point of borders?
Any rich person owns the entire world;
Destitutes are forever outsiders.

Dirt-caked masks washed by tears,
Too tired to rise up in anger;
Drawn faces, haggard;
The pack-saddle of work weighs heavy on them.
The scattering wind disperses them;
Tonight, ash ... When the lava?

Sometimes winter, other times summer;
Cold, sun, double violence;
Figures of exhaustion, bitterness, numbed brains;
Here, moaning, further away, silence;
The two pans of weighing-scales,
And the whiplash curse of poverty.

Heavy express trains, quartering space,
Metal, fire, water, glowing coals
Pull carriages through the night,
Filled with first-class fast-asleep passengers.
The vagabonds take fright, leap up.
Fear, amazement: the non-stop train has gone.

Worn-out cattle, broken-bodied,
Blocks of slumber strafed by death,
They cross themselves in terror.
A cry, a curse, a wild eye lit with fire;
They fear they will be crushed,
These people for all time crushed.

Le visionnaire

J'ai vu sur la neige
Un cerf pris au piège.

J'ai vu sur l'étang
Un noyé flottant.

J'ai vu sur la plage
Un dur coquillage.

J'ai vu sur les eaux
Les tremblants oiseaux.

J'ai vu dans les villes
Des damnés serviles.

J'ai vu sur la plaine
La fumée des haines.

J'ai vu sur la mer
Le soleil amer.

J'ai vu dans l'espace
Ce siècle qui passe.

J'ai vu dans les cieux
D'insondables yeux.

J'ai vu dans mon âme
La cendre et la flamme.

J'ai vu dans mon cœur
Un noir dieu vainqueur.

The visionary

On the snow I saw
A deer trapped in metal jaws.

I saw in the moat
A drowned corpse float.

I saw on the strand
A hard shell in the sand.

I saw on the water
Birds flutter.

I saw in towns
The damned brought down.

On the country's open face
I saw smoke columns of hate.

Where the seas run
I saw a bitter sun.

I saw drawn in space
This century's moving trace.

I saw in the skies
Unfathomable eyes.

I saw in my soul
Flame and ash of coal.

In my heart I found
A dark god's victory crown.

CELINE ZINS

Biographie:

Née le 25 décembre 1937. Etudes de langues. A consacré l'essentiel de ses activités professionnelles à la traduction littéraire (de l'anglais et de l'espagnol).

Essai:

La poésie? Le filigrane du monde et des mots. Le rythme secret des ondes terrestres à travers le bruit et la fureur.

La vision toujours. Vision de l'invisible, vision de l'inaudible. Expérience des confins, écoute du silence, quête et éblouissement du réel.

Voyage aux sources de l'être parlant: remontée vers l'être, traversée de la langue. Intime perception de la couleur des mots, indissociable accouplement du son et du sens.

Pensée en creux, pensée au plus vif de sa vérité, au plus abstrait de son corps sensible et pensant.

Et par conséquent: la poésie est refus de la dilapidation du langage, refus des idées et catégories incarcérantes; visionnaire et rythmique, elle est aux antipodes de l'«audiovisuel»; quintessence de l'identité, elle n'a pas de revendication identitaire [*sic*]; ombiliquement reliée à sa langue, parlant en son nom propre, elle parle à tous les hommes.

CELINE ZINS

Biography:

Born Christmas Day, 1937. Studied literature. Main professional activity has been literary translation from English and Spanish.

Essay:

Poetry? Watermark of world and words. Secret rhythm of the earth's waves heard behind noise and fury.

Vision, always. Vision of the invisible, of the inaudible. Experience of limiting boundaries, a listening to silence, quest and dazzling presence of the real.

Journey to our sources as users of speech; back upstream towards being, the trek across language. Minute perception of words' colour, indissoluble link of sound and sense.

Thought at its most uncluttered, thought at its most nakedly truthful, at the most abstract point of its feeling and thinking body.

And as a consequence, poetry is the refusal to let language go to rack and ruin, it is the rejection of those ways of thinking which shackle, it is a refusal to live within the strait-jacket of categories. Visionary and rhythmic, poetry is at the opposite pole from the empire of the 'audiovisual'. The quintessence of identity, it has no axe to grind about identity. Umbilically joined to its language, speaking in its own name, poetry speaks to all human beings.

Selected bibliography:

POETRY:

Par l'alphabet du noir (Christian Bourgois, 1979)
Adamah (Gallimard, 1988)
L'Arbre et la glycine (Gallimard, 1992)

Aube
qui ne périrait pas avec le temps du jour
qui ne subirait pas la loi des midis
implacables
dont la parole ne serait pas déchirure
dans le tissu sans fin tissé de sa venue

Aube mémoire longue d'oubli
flux lisse nimbé d'émeraude
suspens diaphane au cœur des eaux

—

Que de temps sans espace
et d'espace intemporel
pour rejoindre une parole
d'entre les mots

Nommer : pointe aiguë du regard
éclair de feu dans la nuit

—

Il portait ses derniers mots mémoire au
fronton de son regard
Et les lettres avaient la sombre fulgurance
des aurores nocturnes

Ses nuages couraient au-devant du soleil
mais son ombre toujours lui faisait face
son corps occupant les quatre points cardinaux

Il parcourait l'espace sans limite
des champs intérieurs
dont les racines nouaient les sons étranges
à l'ombilic de ses sphères

Quand les lettres eurent consumé le sens des mots
son regard laissa entrer l'horizon

Il connut l'effacement des reflets
et la continuité de la lumière

L'oeil ainsi traversé
il devint le bleu du temps

—

Dawn
of the sort
day won't wash away
noon's implacable law
won't crucify
whose language won't tear away
the endless weave
of its coming

Dawn memory long with forgetting
smooth flow touched with emerald
mid-water equipoise of radiance

—

So much time without space
and space outside time
to rejoin speech
in there between words

Naming: needle point of sight
flash of fire in the night

—

His last words memory on
the high wall of his gaze
And the letters flashed
dark fire of night's aurora

His clouds ran before the sun
but his shadow always met him face on
his body covering all four cardinal points

He ran through endless space
of inner fields
where roots tied strange sounds
to his sphere's umbilicus

When the letters had consumed words' sense
his gaze let in the horizon

He knew the loss of spangled brilliance
and light's endurance

His eye thus traversed
he became the seasons' blue mark

—

Le ciel était là, tout près,
espace ouvert au regard prisonnier

La pierre gardait la mémoire, Ariane tissant le fil
d'un temps nocturne au bord du jour

Le labyrinthe avait enfoui ses enchantements mortels
gardés par la haie des mots guerriers

Mais la parole prenait le large, secrètement,
comme appelée,
souffle attiré par le souffle
vers de plus hautes régions de l'air

—

Midi est une coquille vide
immense caverne aux yeux blancs
dont le sommeil s'empare
Espace livré à la dévoration du temps

Quand le jour déclinant inaugure la nuit
le visage libère un à un
ses pétales pour cueillir l'ombre du silence
Et l'espace clos de la nuit est temps
gagné sur le temps

—

The sky was there, close,
space laid open for the trapped gaze

The stone kept memory safe, Ariadne's weave of
nocturnal time at the edge of day

The labyrinth had concealed its fatal spells
watched over by a hedge of sentinel words

But furtively speech slipped its moorings,
as if summoned,
breath drawn by breath
towards higher reaches of air

—

Noon is an empty shell
huge white-eyed cave
in sleep's spell
Space devoted to devouring time

When day's decline installs the night
the face frees one by one
its petals and gathers dumb shadow
Space enclosed by night is time
won back from time

—

Océan
vent
effluves métalliques
incessant déferlement de houle blanche
une seule et même houle roulant son éternité mouvante
bruit d'immensité
murmure solitaire
mouvement de l'immobile
point d'orgue à l'horizon sans fin vibrant
sa corde d'acier liquide
Et le sable scintille et se moire au souvenir et dans
l'attente des eaux ascendantes
caresse et morsure
mémoire déposée des objets du temps, de l'oubli,
de l'inoubliable
fragiles traces de passage
coquilles vides
signes de vie, signes de mort, signes du travail des
eaux, transformation lente par le temps des éléments
sur le vif, sur le mort
Une seule respiration battante de l'eau, de l'air,
la terre accueil miroir
espace au rythme lancinant

Habiter cet espace
au lieu de son empreinte
déshabitée

—

Ocean
wind
metallic smells
white swell tirelessly unfurled
the same swell rolls out its eternity of motion
sound of immensity
lonely murmur
movement of stillness
silent cadenza without end on the horizon's shimmer
liquid cord of steel
And the sand ripples its silk remembrance
anticipates high water
caress and bite
deposited memory of time's objects, oblivion
of the unforgettable
faint tracks
empty shells
signs of life, of death, signs of water's
action, time's real-life real-death
slow elemental tropes
Single beating breath of air, of water
earth mirror welcome
throbbing rhythm of space

Live in this space
within the print-marks of its
desertion

—

EPILOGUE

Sœurs d'Ariane, ou compagnes de tigresses?

Voici des voix de poètes : nombreuses, en ce volume an-
thologique, pressantes, urgentes parfois, claires ou voilées, et
que notre lecture appréhende d'abord dans une frappante
tonalité commune. C'est qu'elles portent jusqu'à nous le
timbre propre à deux ou trois générations d'écrivains franco-
phones contemporaines, nées (ou vivant ou ayant vécu
jusqu'aux périodes les plus récentes) sur le territoire français.
Et il semble bien que ce soit pour la seule consonance de ces
voix que Martin Sorrell en lecteur de goût ait choisi ce champ
et cette culture, qui sont limitativement ceux de notre pays :
car on n'entre pas si facilement dans un paysage littéraire
élargi aux dimensions de la planète ni dans une écriture
poétique qui s'étire dans nos civilisations occidentales sur une
vingtaine de siècles. À combien d'entre nous le cœur est
étreint de lire Saphô ou Sulpicia aujourd'hui, Catherine de
Pisan ou Héloïse? L'accès à une langue du passé se tisse
d'implications dont les codes n'affleurent pas aisément. Faut-
il préciser ainsi que Martin Sorrell n'a pas eu la volonté
d'exclure telles voix autres, non moins vivantes et drues, tout
autant francophones : mais c'est qu'elles auraient dit de tout
autres expériences de vie, de contextes sociaux, et d'autres
continents. Ajoutons enfin qu'un autre ouvrage de Martin
Sorrell a déjà traduit les voix de Joyce Mansour, d'Anne-
Marie Albiach, de Danielle Colobert.[1]
  Une protestation devant l'oubli : ces voix sont exclusive-
ment des voix de femmes. Dans leurs anthologies, dans leurs

discours sur la poésie, les poètes et critiques oublient trop
souvent les poètes femmes. Ainsi, par hypothèse de travail, et
en toute rigueur expérimentale, isolons le discours poétique
féminin pour l'écouter sans que sa parole soit coupéc par les
déclarations plus impétueuses et plus nombreuses du discours
masculin. En poésie comme ailleurs, le contrôle de la parole
appartient évidemment au poète homme. Dans les anthologies
poétiques de ce siècle, et françaises, la proportion des voix
féminines est infime.[2] Marina Yaguello ne nous fait-elle pas
observer,[3] avec tout l'humour désirable, que couper la parole
et recouvrir la parole de l'autre tandis que ce dernier continue
à s'exprimer n'est pas l'usage des femmes, ces bavardes,
mais, en situation bisexuelle, une activité à peu près exclu-
sivement masculin ... En face de ces interventions du mas-
culin, les voix des femmes s'amenuisent — s'amuissent,
comme on dit des voyelles dans l'histoire des langues
lorsqu'elles sont en position faible, s'assourdissent et puis se
taisent. Condamnées au murmure, elles chuchotent (entre
elles?) des lambeaux de discours qu'on n'entend plus. Le
discours critique féministe, lui, a appris à s'imposer, moulant
ses interventions sur des stratégies rodées pour la prise de
parole — s'affrontant à la théorie freudienne de la création et
de la créativité dans une élaboration théorique qui force le
respect. Mais non pas la parole poétique. Et disons-le : les
critiques de la parole féminine n'écoutent pas toujours non
plus dans ses timbres diversifiés la parole de celles qui écri-
vent la poésie. Souvent femmes, pourtant, elles ne sont pas
sûres d'en avoir toujours besoin! N'ont-elles pas d'abord à
réfléchir sur une situation de parole, perçue comme stan-
dardisée, et à dire leur propre expérience d'intellectuelles
confrontées aux problèmes du pouvoir et de l'affirmation de
soi dans notre société? Elles aussi pourraient bien finir par
penser pour celles qui écrivent la poésie. De quoi ces dernières
auraient-elles à se plaindre? Minorité dans une minorité, elles
ont la chance — justement — d'écrire la poésie. Compagne
féminine — le mot de poésie est du genre féminin dans notre
langue comme dans beaucoup de nos langues occidentales — ,
la poésie nourrit comme une mère, enveloppe de la consola-
tion douce du babillage, s'épanouit en une maturité sororale.
De quoi se plaignent-elles, ces femmes qui entretiennent avec
la poésie ce lien de sororité tendre? Elles ont tissé avec elle

et avec elles — avec la poésie, et avec les autres femmes poètes — un lien de suffisance et de satiété. Qu'elles babillent entre elles.

★

Doublement marginalisées, donc, elles parlent. Il nous faut tendre l'oreille. Qu'entendons-nous?

Or, ces voix disent avec force combien la poésie est un espace tensionnel : tension de son rapport au monde, d'abord. Et plusieurs d'entre elles sont engagées dans le procès de *signifier*, engagées dans une lutte pour que la présence de la poésie au monde contribue à le changer. C'est Marguerite Yourcenar, qui dit sa sympathie à la peine des émigrants; Geneviève Bon, sa prière au père mort; c'est Jeanne Hyvrard, qui ironise, en un souffle lyrique et caustique à la fois, sur les rapports entre hommes et femmes, faisant de son écriture poétique un manifeste féministe; c'est Christiane Baroche dessinant la Danse érotique et macabre du crépuscule des villes, où les couples s'assemblent et s'ignorent :

> On s'entrebaise sans s'écouter

pour repartir «accolés ou dos à dos». Espace tensionnel donc du rapport à l'autre, qui peut être de nostalgie pure :

> Quelqu'un dit : «Appelle-moi
> même au cœur de la nuit»
> [...] Et moi j'écoute quand il parle
> émerveillée sur cette plage
> (Jacqueline Risset)

Lorsque les femmes poètes définissent leur rapport propre au monde et à l'autre, dans ces courts essais où Martin Sorrell leur a demandé de nous parler de leur attente et de leur pratique de la poésie, c'est toujours de tension qu'elles parlent, en désignant les pôles inatteignables de leur écriture, jamais de suffisance benoîte : avec des mots qui disent l'*exacte* mesure de la distance entre le réel et soi (Amina Saïd) ou la recherche du rapport *de vérité* entre le sujet et le monde (Leslie Kaplan), qui désignent l'essence du poétique comme sel de l'*Innommable* (Jeanne Hyvrard), et qui parlent de traversée de nuit.

Espace tensionnel aussi du rapport à soi : ne faut-il pas chaque jour choisir entre la vie au monde et la vie à soi, la vie en soi? Un poème superbe d'Andrée Chedid fixe ces deux choix possibles, leurs nostalgies contrastées et leurs pièges respectifs (*Désert ou cités*). Mais si nous parlons de «rapport à soi», ce n'est pas pour situer d'abord une éthique, mais pour constater qu'ici s'instaure, s'agissant de poètes, un rapport à la langue qui soudain nous retourne sa liesse, nous renvoie sa joie au visage, comme une claque de vent, et «multiplie nos chemins» (Andrée Chedid).

★

La tension du rapport à la langue peut être de violence. Entre une volonté de dire et une matière de mots, de sons et de lettres dispersés sur la page, le poète femme doit parfois frapper comme on frappe monnaie : c'est ainsi que je lis — et non pas comme le thème d'une mort préparée — la parole étonnante de Marie-Claire Bancquart, disant du grand-père défunt qu'

> ancien mineur il boise
> maintenant
> sous nos pieds
> notre future mort

Sous la parole poétique, il y a ce soubassement du travail avec les mots. Et encore, plus directement, chez Silvia Baron Supervielle :

> Quand je me penche
> sur la feuille
>
> tombe jusqu'au
> fond une médaille
> qui gagne son
> frappement

Au-delà du travail, se découvre alors parfois la récompense du savoir poétique : sans mesure.

> Quand les lettres eurent consumé le sens des mots
> son regard laissa entrer l'horizon
>
> (Céline Zins)

Mais parfois aussi la dureté d'une lutte toujours sans merci :

> O la grammaire, ma marâtre, ma mère adoptive quand il fallut
> pour ne pas mourir s'affilier à l'univers des hommes
>
> (Jeanne Hyvrard)

Mais le rapport à la langue poétique peut être aussi de tendresse, on en trouvera maints exemples, et cette remarque nous ramène au genre de la langue poétique, quand c'est une femme qui la saisit, qui s'y affronte, qui l'embrasse (comme on dit d'une vocation). La langue est aimée par le poète homme comme l'est une femme — poursuivie dans les buissons de mots comme si elle se dérobait à ses caresses pour l'agacer. *Fugit ad salices*, et le poète la surprend et la contraint. Dans la fuite et l'absence de la langue, dans le regard qui la retrouve et le geste qui la capture, se trouvent les enjeux mythologiques standardisés de la construction poétique masculine.

La langue aimée par le poète femme n'a pas encore sa mythologie ni sa structuration psychanalytique claires. Voici ce qui lui manque : non pas la pratique — il suffit de lire ce livre pour être impressionné — mais un horizon mythique plus et mieux défini. Rêvons sur la connaissance que les sœurs ont les unes des autres. Qu'est-ce que Phèdre comprend d'Ariane? Le mythe jamais ne nous le dit. Racine nous les montre ne se rejoignant jamais, juste descendantes d'un même père et aimantées par le même homme, Thésée, que la seconde a aimé passionnément, et dont la première aime le fils. Et Electre, que comprend-elle d'Iphigénie? Elles sont en position de plus petite différence. Elles sont en position de coïncidence presque parfaite, et de complicité. Elles se comparent, peuvent s'affronter comme on s'affronte à soi-même, l'une reprochant à l'autre sa douceur trop passive, l'autre reprochant à l'une sa violence inutile. Répétons-le : la langue aimée par le poète femme est de même sexe qu'elle : elle est aimée comme la mélodie du babil, si proche de la suffisance parfaite du rêve de Babel, avant même la différenciation des langues; elle est aimée comme la mélodie d'une mère et d'une sœur, si semblable à la sienne propre, d'une intimité infinie — une mélodie qu'on apprivoise et qu'on jalouse pour cette différence infime d'avec soi, qu'on surprend, qui vous flatte et qu'on flatte, qui vous caresse et qu'on caresse. Que l'on songe — pour comprendre ce bain dans la ressemblance — à l'infime différence de timbre qui sépare la voix de Pamina de celle des trois garçons, dans le second acte de *La Flûte enchantée*. Toutes quatre *soprani*. Et pourtant ... Ces voix se frôlent, jouent et jouissent de leur proximité, sans appeler l'analyse ou la mesure intellectuelle et sonore de cette distance, comme le fait l'agaçant intervalle, lui aussi infinitésimal, du *comma*, qui se définit par son orientation, selon qu'on l'aborde par la voie musicale mineure ou la voie musicale majeure.

Luce Irigaray l'a magnifiquement élaboré et suggéré à la fois : l'écriture féminine rend toute leur importance aux rapports à la langue qui tiennent compte du tactile — et non pas seulement du regard — et d'une labilité plus grande des sens entre eux.[3] N'excluons pas pour autant le travail de la symbolisation, lequel a affaire avec le meurtre propre à la désignation et au regard. C'est que toute nomination est déjà meurtre (Jacques Lacan : «le symbole se manifeste d'abord comme meurtre de la chose»), mais elle pérennise le désir de l'autre, par la parole même : «Cette mort, continue Lacan, constitue dans le sujet l'éternisation de son désir». L'amour de la langue femme rejoint aussi la pratique propre à l'amour courtois du «senhal» (le faux nom), où l'amant, qui est aussi écrivain, s'oblige à offusquer, par dévotion même, le nom de la femme impossible objet de l'amour. Forme extrême de l'amour du nom de l'aimée, comme l'a montré François Rigolot.[4]

La mythologie de cette écriture femme resterait-elle à élaborer sans modèles, elle qui doit prendre en compte les sens non visuels, sans exclure le procès de symbolisation? Je ne le crois pas. Il me semble que dans l'expérience majeure des grandes fractures de civilisation, et l'écriture d'immenses poètes, nous avons déjà vu surgir des formulations qui jouent sur la métaphore et sur l'analogie, et qui, pour cette raison même, rendent compte *aussi* de ce type de rapport à la langue car elles embrassent plusieurs rapports possibles à elle.

Je songe ici aux pages de Dante ayant à choisir entre la langue latine et les langues italiennes, et disant *en latin*, dans le *De vulgari eloquentia*, qu'il lui faut choisir la langue maternelle laquelle est «du côté» des quatorze dialectes italiens.[5] Toutes ces langues sont possibles, il faut à Dante pourchasser sa propre langue pour l'inventer, comme on pourchasse une panthère dont l'odeur se perçoit entre les forêts, inattendue, labile, toujours *ailleurs* comme l'odorat même : «Puisque notre chasse a couru les montagneuses forêts et pâturages d'Italie sans rencontrer la panthère que nous poursuivions,

tâchons de relever ses voies à quelques marques plus raison-
nables, afin de parvenir par soigneuse adresse à lier bel et
bien de nos filets cette proie dont se répand l'odeur en tois
lieux, mais qui nulle part ne se laisse voir».[6] La langue
poétique fuit dans la forêt italienne, et elle a à voir avec la
langue maternelle, la plus archaïque, qui est la plus noble car
la plus ancienne, et qu'on appelle ... la langue vulgaire :
«J'appelle langue vulgaire, écrit Dante, celle à quoi les petits
enfants sont coutumés par ceux qui les entourent, quand
premier ils commencent à former divers sons; ou pour le
dire plus brièvement, j'entends par langue vulgaire celle que
nous parlons sans aucune règle, imitant notre nourrice».[7]
La langue poétique, introuvable encore, s'enracinera dans
la langue maternelle pour l'éclairer de sa lumière et pour
l'illustrer. Non pas comme le font les clercs, qui ont inventé
une langue savante et artificielle, troisième terme du système.
La langue poétique est une langue dans laquelle on baigne,
comme le bain du babillage, et que, sans contradiction, on
poursuit comme dans une chasse. Elle n'est poésie que par
cette double vocation, antithétique, qui signe à tout moment
la double ressource de l'écriture.

*

Faut-il risquer encore de désigner quelles notes propres nous
entendons dans ces voix choisies? Osons avancer d'abord que
se tisse un rapport particulier au temps, insistant sur sa durée
grave, féconde, ou sur l'équivalence des choix qui nous
ramènent à lui.

> Et l'espace clos de la nuit est temps
> gagné sur le temps
> (Céline Zins)

Si la «géométrie du vide» et la mise à nu de l'âme nous attire
d'abord dans les déserts, c'est l'énigme et l'angoisse des villes
qui nous ramène au monde (Andrée Chedid). Et dans ce
battement se dit la durée. Nourrissons-nous de fables, écrit
encore Louise Herlin, leur pérennité

> se ressource tandis que nous vieillissons

À l'inverse, chez Jo-Ann Léon, si l'angoisse s'exprime, et nous défend d'aimer, c'est justement qu'elle «coupe le lien» que tisse le temps et le désir (*Défense*).

On voudrait dire aussi combien forte est l'économie de l'écriture que pratique ces poètes. Les exemples se trouveront d'eux-mêmes. Mais voici plus étrange : dès que notre regard s'est accoutumé à déchiffrer ces formes, qui ne sont nullement évidentes tant elles sont discrètes, on perçoit de grands éclats ironiques, dessinés sans complaisance. Leslie Kaplan :

> L'usine, la grande usine univers, celle qui respire pour vous.
> Il n'y a pas d'autre air que ce qu'elle pompe, rejette.
> On est dedans [...]
> Il n'y a aucune image, jamais.

Gisèle Prassinos :

> Moi, j'œuvre dans un placard.
> C'est plus douillet, c'est à l'écart

Jacqueline Risset:

> c'est comme elle [*la mère*] qu'il faut être
> — et sans rien sans tristesse
> contente

> «Contente?»

Entendons mieux ainsi, et presqu'à chaque page, l'ironie propre à la parole féminine. Dans son «sérieux» même. Ecoutons, regardons le jeu qui s'y joue avec les codes, le jeu qui s'y joue avec la parole, et percevons dès lors le battement central des ces pages. L'ironie est patente chez Gisèle Prassinos, rodée de longue date qu'elle a été auprès des écrivains majeurs du surréalisme, et rodée aussi par l'appréhension aiguë du rôle que, dans le mouvement, on a suggéré de jouer à cette adolescente «pomponnée et endormie». Que l'on relise ici le poème *Pratique*. L'ironie est déclarée chez Christiane Baroche, qui se dit «proche jusqu'a la gémellité» de Michel Leiris — écrivain de la modernité la plus ironique — , déclarée chez Andrée Chedid, qui propose de ne pas chercher à viser la cible unique de la Vérité :

> Saluons plutôt nos soleils transitoires
> Nos paroles libres d'emblème
> Nos chemins en chemin
> Nos multiples horizons

Or c'est le statut même de cette écriture féminine qui est ici en question. La parole poétique féminine n'est pas en situation de *mascarade*, au sens où l'a entendu Jacques Lacan : imitant l'image d'elle que l'homme lui tend.[8] Luce Irigaray a indiqué, lumineusement, que ces exercices d'imitation pourraient bien être conscients, et parodiques, et relever du statut de la citation. Elle suggère de désigner cette attitude parodique du nom de «mimétisme». La parole poétique féminine — de façon plus naturelle et plus immédiate que toute autre parole ou conduite de femme, à mon sens — inscrit cette parodie mimétique au cœur de sa quête. J'aimerais dire qu'est travaillée par la parodie mimétique (au sens de Luce Irigaray) toute parole poétique féminine qui atteint l'ordre symbolique (au sens lacanien : et c'est nous, lecteurs, qui le savons, c'est nous qui opérons le partage, dans le cas où est impliqué notre plaisir, notre jouissance). Pure hypothèse de lectrice, mais enfin c'est bien *aussi* notre lecture qui fait exister la poésie. Et nous rejoignons le témoignage de Jacqueline Risset, ici même : l'écriture de la poésie, dit-elle, brise à la fois le flux normal du temps et l'identité du sujet qui la vit. En ce sens, l'identité dite «féminine», qui comporte déjà en elle une forme d'ironie, devient «désidentité», l'ironie s'étend à l'infini.

Il nous est bien difficile aujourd'hui de nous identifier à une Ariane, tant elle nous paraît avoir été complice de son propre abandon, tant ses plaintes nous paraissent issues d'une histoire trop lointaine. Peut-être sommes-nous, et sont-elles plus justement, ces femmes poètes, des compagnes de tigresses, si, réinterprétant l'image de Dante, nous disons que la langue est cette tigresse avec laquelle on a joué, enfant, dans le babil maternel, et qu'on pourchasse aussi en traquant son odeur dans les forêts.

Jacqueline Chénieux-Gendron
Directeur de recherche,
Centre National de la Recherche Scientifique,
Paris

Notes

1. *Modern French Poetry*, selected and translated by Martin Sorrell, introduced by Lawrence Sail, Forest Books, 1992.
2. Marina Yaguello, *Les Mots et les Femmes*, Payot, 1979, p. 48.
3. Luce Irigaray, *Speculum de l'autre femme*, Minuit, 1974; *Ce sexe qui n'en est pas un*, Minuit, 1977; *Ethique de la différence sexuelle*, Minuit, 1984.
4. François Rigolot, *Poésie et onomastique*, Droz, 1977.
5. Je renvoie aux études de Roger Dragonetti sur le *De vulgari eloquentia*, notamment dans la revue *Critique*, août–septembre 1979, et à l'ouvrage fondamental d'André Pézard, *Dante sous la pluie de feu*, Vrin, 1950.
6. Dante, *Œuvres Complètes*, Gallimard, «Bibliothèque de la Pléiade», traduction et commentaires par André Pézard, *De vlugari eloquentia*, I, XVI, 1, p. 585.
7. Ibid., I, I, 2, p. 552.
8. Jacques Lacan, «La Signification du phallus», dans *Ecrits*. «... c'est pour *être le phallus*, c'est-à-dire le signifiant du désir de l'Autre, que la femme va rejeter une part essentielle de sa féminité, nommément tous ses attributs dans la mascarade».

AFTERWORD

Sisters of Ariadne, or companions of tigresses?

Here, in an anthology, are the voices of several poets. Insistent, at times urgent, clear or muffled, their remarkable similarity of tone is the feature which first strikes the reader. They allow us to hear the particular timbre of the last two or three generations of francophone writers, women born (or living now or very recently) on French soil. And it seems precisely for the consonance of these voices that Martin Sorrell, a discerning reader, has chosen this field, this culture, whose outer limits are those of metropolitan France. For it is not easy to journey around a literary landscape as extensive as the planet itself, nor a world of poetry which stretches across twenty centuries of Western civilization. How many of us these days feel compelled to read Sappho or Sulpicia, Catherine de Pisan or Héloïse? If languages of the past invite us to cross their threshold of codes, they are nonetheless accessible only with difficulty. It goes without saying that Martin Sorrell's guiding principle was not to exclude other voices, equally vibrant and substantial, francophone also. But these would have spoken of other experiences and world views, in other social contexts on other continents. An earlier anthology compiled and translated by Martin Sorrell included poems by Joyce Mansour, Anne-Marie Albiach, Danielle Collobert.[1]

The present book is a protest against the neglect women poets have suffered. All the poets here are women. Critics and poets too often forget them in their anthologies and their commentaries. And so, in the rigorous spirit of experiment,

245

let me now proceed on the working hypothesis that feminine [i.e. *féminine*] poetic discourse can be isolated and that, as a result, it can be listened to unimpeded by the numerous and impetuous interruptions of masculine discourse. In poetry as elsewhere, control of language clearly is in the hands of men. In twentieth-century French anthologies of poetry, the number of women included is minuscule in comparison to men. Marina Yaguello reminds us, with beautifully judged humour, that interrupting another speaker and drowning out that speaker is not something women do, for all that they are supposed to be the talkative sex.[2] On the contrary, in mixed company, such behaviour is almost entirely male ... In the company of men who interrupt, women's voices become smaller, muted, in the way vowels in weak positions have become mute in linguistic history. Progressively, these voices grow weaker until they are silent. Condemned to subdued murmurings, they whisper (among themselves?) little scraps of language which vanish on the air. Feminist critical discourse is another matter. It has learned to make sure it is heard. Its activity is shaped around patiently nurtured strategies, developed precisely so that women may speak. It has taken on the Freudian theory of creation and creativity, elaborating it in a way which commands respect. But poetry has been left out. It has to be said, and said clearly: commentators on women's expression are not always alive to the range of tones of which women's poetry is capable. These commentators, who themselves often happen to be women, are not always persuaded that there is any need for women's voices in poetry! Their first concerns, perhaps, are to ponder why modes of expression are considered standardized, undifferentiated; and to give an account of their own experience as intellectuals confronting problems of power and of self-affirmation in our society. The risk is that they too might end up *thinking for* women who write poetry. Then, what would the latter have to complain about? A minority within a minority, they have the chance, the good fortune to write poetry. They have a feminine companion; in French the word for poetry is feminine as it is in several Western languages. Poetry nourishes like a mother, provides a wrapping of soothing chatter, and blossoms into mature sisterhood. So, what is the complaint of these women who have developed such a

tender, sisterly link with poetry? They are joined to it—
poetry—and to them—other women poets—by links they
themselves have woven, and these links are complete and
fulfilling. So let them chatter among themselves.

★

Doubly marginalized, then, they speak. We should lend an
ear. What do we hear?

These voices say firmly how much poetry is an area of
tension. First of all, tension in its relationship to the world.
And many of these voices are engaged in the process of *sig-
nifying*, are caught up in a struggle to make poetry's presence
in the world help change the world. Marguerite Yourcenar is
moved by the suffering of emigrants; Geneviève Bon utters a
prayer to her dead father; in a sustained breath of irony,
Jeanne Hyvrard speaks lyrically and caustically of the rela-
tionship between men and women, and makes of her poetic
writing a feminist manifesto; Christiane Baroche pictures the
erotic and macabre dances of towns at the twilight hour,
places where couples gather and, knowing nothing of one
another, indulge in 'reciprocal and solitary sex', then depart
'side by side or back to back'. A tension then, in our dealings
with others, and which may be entirely nostalgic:

> 'Someone says: "Call me
> even in the heart of darkness"
> [...]
> and I, I listen as he speaks
> full of wonder on that beach'
> (Jacqueline Risset)

When these poets define their relationship with the world and
with other people, in those short essays in which Martin
Sorrell asked them to talk of their practice and expectations
of poetry, invariably they speak of tension, and point to
the unattainable poles of their writing. They never hint at
facility and satisfaction. And their words are the exact
measure of the distance separating the self from reality
(Amina Saïd); or they seek to uncover the *true* relationship of
subject to world (Leslie Kaplan); or they define the essence of
poetry as the salt of the Unnamable; or they speak of the
journey through night.

Area of tension, also, within the self. Aren't we forced every day to choose between life in the world and life for the self, life in itself? A superb poem of Andrée Chedid captures these two possible choices, their opposing nostalgias, their respective traps (*Desert or cities*). But if we speak of a 'relation to self' it is not primarily to establish an ethics, but to register that, where poets are concerned, a particular relationship with language is being created. Suddenly it bathes us in joy and jubilation which catch us full-face, like a gust of air, and it 'opens up new pathways' (Andrée Chedid).

*

The tension of a relationship with language may not be a violent one. Caught between the will to express and the substance of words, sounds and letters spread over a page, women poets sometimes have to strike, in the sense of striking coins. This is how I read the astonishing lines of Marie-Claire Bancquart talking of her dead grandfather, and not as the theme of a death prepared:

> 'Once a miner, now
> beneath our feet
> he timbers
> our death to come.'

Beneath the poetic language lies a bedrock of words which must be worked. Silvia Baron Supervielle says it more directly:

> 'when I pore
> over sheets
>
> there falls to the
> depth a medal
> successfully
> struck'

Beyond the labour sometimes may be found the reward of poetic knowlege, and it is limitless:

> 'When the letters had consumed words' sense
> his gaze let in the horizon'
>
> (Céline Zins)

But sometimes there is also the harshness of a pitiless fight:

> 'Grammar! That wicked stepmother, that adoptive
> mother, when what was needed so as not to die
> was affiliation with the universe of men.'
>
> (Jeanne Hyvrard)

The relationship with poetic language, though, can also be
one of tenderness. Examples abound. This brings us back to
the gender of poetic language when a woman seizes hold of
it, confronts it, embraces it (as one embraces a vocation).
Language is loved by men poets as a man loves a woman—
chased into the bushes of language as if she were refusing his
attentions simply to annoy him. *Fugit ad salices*: she flees into
Virgil's willows where the poet catches and forces her. In the
flight and the absence of language, in the gaze which locates
it again, the act of capture, are found the mythological stakes
which the male way of making poetry has made standard.

The language which women poets love does not yet have its
own distinct mythology nor psychoanalytical structures. That
is what is lacking; not a praxis—this book makes that im-
pressively clear—but a horizon of myth which is more fully
and more accurately defined. Let us reflect on the knowledge
sisters have of one another. What does Phædra understand of
Ariadne? The myth says nothing. In Racine, the two are for-
ever apart. They are simply descended from the same father
and held in the magnetic field of the same man, Theseus,
whom Ariadne has loved passionately, and whose son is loved
by Phædra. And what does Electra understand of Iphigenia?
The difference between their two positions is negligible. They
coincide almost perfectly, and they are almost perfectly com-
plicit. They compare themselves, they confront each other as
one can confront oneself. The first chastises the second for
her over-passive sweetness, the second condemns the first's
futile violence. I have to repeat it: the language women poets
love is of the same sex as they. It is loved as the babbling
song, so close to the perfect sufficiency of the dream of Babel
before languages went their separate ways. It is loved as the
song of mother and sister, so close to its own, the song of
infinite closeness—a melody which is tamed and envied for
being minutely different from oneself, a melody which is
caught and flattered and which flatters in return, which

caresses and is caressed. Just think—to explain this plunge into resemblances—just think of that merest difference which separates the voice of Pamina from those of the three boy trebles in the second act of *The Magic Flute*. All four of them in the same high range, and yet ... These voices brush against one another, play, rejoice in their proximity. Analysis and the intellect have no place here. There is no need to calibrate the intervals between these voices—so unlike that frustratingly infinitesimal interval, the comma, which is defined by its musical context, that is, whether it is veering to the major key or to the minor.

Luce Irigaray has offered and simultaneously elaborated an idea in some wonderful pages: that women's writing has given back all their importance to those approaches to language which encompass touch, and not merely sight. They are approaches which recognize the labile interaction of all the senses.[3] At the same time we should not overlook the impetus to create symbols, which has to do with the destruction inherent in the acts of naming and seeing. To name is to kill (Jacques Lacan: 'the symbol shows itself first as murder of the thing'), but the desire of the other is perpetuated in the word itself. This death, Lacan goes on, is the subject's desire made eternal in the subject. The love of women's language joins hands with the practice, in courtly love, of using a *senhal*, a false name, by which the lover, who is also a writer, makes himself offend, out of devotion, the name of the woman who is the impossible object of his love. An extreme form of worshipping the loved one's name, as François Rigolot has pointed out.[4]

Are we going to have to develop without models a mythology of this writing by women, writing which accommodates at the same time the non-visual senses and the need to create symbols? I think not. It seems to me that at the moments when the deepest fractures occur in civilization, and in the work of the greatest poets, we encounter writing which plays on metaphor and analogy, and which, for that very reason, gives an account *as well* of this kind of relationship with language, embracing as it does several of its possibilities.

I am thinking here of those pages in Dante where a choice has to be made between Latin and Italian, and which say *in Latin* (in the *De vulgari eloquentia*) that he must opt for his mother tongue, which is 'on the side' of the fourteen Italian vernaculars.[5] All these tongues are possible; Dante has to hunt down his own in order to invent it, as a hunter chases a panther whose scent can be smelled among the forests, an unexpected scent, labile, always *elsewhere* like smell itself. 'As our hunt has taken us through the mountain forests and pastures of Italy without disclosing the panther we track, let us try to pick up its trail by following more obvious marks, so that, with skill and care, once and for all we snare in our nets this prey whose scent reaches every corner but which will never allow itself to be seen.'[6] Poetic language flees into the forests of Italy, and it is bound up with the mother tongue, the most ancient of tongues, the noblest because it is the oldest, and which is called ... vulgar. 'I call a vulgar language', says Dante, 'one with which children are made familiar by people around them at the time they begin to utter their first sounds. Put more succinctly, a vulgar language is one we speak without rules, imitating our nurse.'[7] Poetic language, as elusive as ever, will take root in the mother tongue and shine its light on it and illustrate it. This is not the way of scholars; they have invented an artificial and learned language, the third term of the system. Poetic language means immersion, like immersion in chatter. Poetic language—there is no contradiction here—is pursued as in a hunt. It is poetry only by virtue of this double and antithetical calling which is the indelible hallmark of writing's twofold resource.

★

Is is too bold to try to discern a personal note in each of the poets chosen for this book? I will venture this: that these poets cultivate a special relationship with time, one which insists on time's grave and fertile duration, or on the equivalence of choices which bring us back to time:

> 'Space enclosed by night is time
> won back from time'
> (Céline Zins)

If the 'geometry of emptiness' and the baring of the soul draw us first to deserts, it is the enigma and anguish of cities which bring us back to the world (Andrée Chedid). And in this

interval duration can be heard. Let us nourish ourselves on
fables, says Louise Herlin, on lasting fables which are

> 'drinking
> Life from new sources while we grow old'

Conversely, if for Jo-Ann Léon anguish can be expressed and
if it prevents us from loving, it is precisely because it severs
the link between time and desire (*Defence*).

The strength which comes from the economy of these poets
is everywhere obvious. And there is another striking feature:
no sooner have we learned to discern these forms—scarcely
obvious, so discreet are they—than we encounter bursts of
irony, unflinchingly set out. Leslie Kaplan:

> 'The factory, the great universe factory,
> drawing breath for you. No other air than
> the air it pumps, throws out. We are inside.
> [...]
> There is no image, ever.'

Gisèle Prassinos:

> 'I work in a cupboard, if you want to know.
> It's a cosy sort of place no-one would go'

Jacqueline Risset:

> 'it's like her [*the mother*] we should be
> —with nothing with no sadness
> content
>
> "Content?"'

Thus we are better able to hear, on nearly every page, that
irony which is specific to women's expression. Even at its
most 'serious'. We should listen to the game played with
codes, the game played with words, observe it, then attune
our senses to the central beat of these pages. Irony is patent in
Gisèle Prassinos's work, honed as it has been for several long
years by her contact with Surrealism's major figures, and by
her acute awareness of the role which it was suggested this
'dolled up and blissfully ignorant' adolescent should play in
the movement. Her poem *Practice* is exemplary. Christiane
Baroche states her irony bluntly; Baroche, who feels she is
virtually the twin of Michel Leiris, that writer of the utmost
modernist irony. Bluntly stated by Andrée Chedid, too, whose

ambition has nothing to do with targeting a single Truth:

> 'Let us fête instead our passing suns
> Our words taking French leave
> Our routes en route
> Our multiple horizons.'

What is under inspection is the very status of this women's writing. Feminine poetic language is not a *masquerade* in Jacques Lacan's sense of women conforming to the image of themselves offered by men.[8] Luminously, Luce Irigaray has suggested that these exercises in imitation might well be conscious and parodic, and fall within the category of quotation. She suggests that this parodic attitude be termed 'mimicry'. The poetic language of women—more naturally, more immediately than any other language or behaviour of women, in my view—inscribes this mimetic parody at the heart of its quest. I want to affirm that mimetic parody (in Luce Irigaray's sense) shapes all such women's poetic language as enters the symbolic order (in Lacan's sense: and, as readers, we know it, we are the ones who make distinctions whenever it is a matter of our pleasure and our delight). This may be nothing but the hypothesis of a reader, myself, but then the existence of poetry does also depend on the fact that we read it. And here we come back to Jacqueline Risset: writing poetry, she says, interrupts the normal flow of time and the identity of the subject who lives it. In that sense, so-called 'feminine' identity, which already contains a form of irony, becomes 'disidentity', and irony extends to infinity.

It is difficult for us now to identify with Ariadne, so much does she seem to have been complicit in her own abandonment, so much do we consider her laments the function of a too-distant age. Perhaps women, and, more to the point, these women poets become the companions of tigresses if we reinterpret Dante's image and say that language is the tigress with which still we played as children immersed in our mothers' chatter, the tigress which still we track by following her scent through the forests.

Jacqueline Chénieux-Gendron
Director of Research
National Centre for Scientific Research
Paris

Notes

1. *Modern French Poetry*, selected and translated by Martin Sorrell, introduced by Lawrence Sail, Forest Books, 1992.
2. Marina Yaguello, *Les Mots et les femmes*, Payot, 1979, p. 48. Not available in English translation.
3. Luce Irigaray, *Speculum of the Other Woman*, translated by Gillian C. Gill, Cornell University Press, 1985; *This sex which is not one*, translated by Claudia Reeder, in Elaine Marks and Isabelle de Courtivron, *New French Feminisms*, Harvester, 1980; *Ethics of Sexual Difference*, Athlone, 1993.
4. François Rigolot, *Poésie et onomastique*, Droz, 1977. Not available in English translation.
5. See Roger Dragonetti's studies of *De vulgari eloquentia*, especially in *Critique*, August–September 1979; and André Pézard's indispensable *Dante sous la pluie de feu*, Vrin, 1950. Not available in English translation.
6. *De vlugari eloquentia*, Book 1, XVI. Translation by M.S., but see Sally Purcell's complete translation and introduction, *Dante: Literature in the Vernacular*, Carcanet, 1981.
7. *De vulgari eloquentia*, Book 1, I. Translation by M.S.
8. Lacan says, in 'The meaning of the phallus', that '... it is so as to be the phallus, that is, the signifier of the desire of the Other, that a woman displaces an essential part of femininity, namely, her attributes, into the masquerade.' Translated by M.S., but see also Alan Sharidan's somewhat different translation of the same essay, 'The signification of the phallus', in *Jacques Lacan, Ecrits: A Selection*, Tavistock/Routledge, 1980, pp. 281–91.

INDEX OF TITLES AND FIRST LINES

255

Acknowledgements

We make grateful acknowledgement both to the poets and to their publishers for permission to reproduce the poems in this anthology. The publishers' addresses are also given.

Publishers:

BELFOND (216 Bd Saint-Germain, 75007 Paris) for Marie-Claire Bancquart, 'Retour d'Ulysse', 'L'escalier', 'Cri', all in *Dans le feuilletage de la terre*, 1994.

DES FEMMES (6 rue de Mézières, 75006 Paris) for three extracts from Jeanne Hyvrard, *La baisure*, 1984.

EDITIONS DE LA DIFFERENCE (103 rue La Fayette, 75010) for Louise Herlin, 'Autre square', 'La beauté', 'Deuil', 'Le balcon', 'L'imparfait', all in *L'Amour exact*, 1990; and for 'Nuages' in *Les oiseaux de Méryon*, 1993. For Amina Saïd, 'comme un arbre', 'aveugles à toute lumière', 'voyageurs sans retour', 'au grand feu de la terre', all in *Marcher sur la terre*, 1994.

FLAMMARION (26 rue Racine, 75278 Paris cédex 06) for Andrée Chedid, 'La vie voyage', 'La vérité', both in *Poèmes pour un texte (1970–1991)*, 1991. For Josée Lapeyrère, 'Cum sequentia', 'Une adresse', both in *Belles joues les géraniums*, 1994. For Jacqueline Risset, 'Spring', 'De Bacchus et Ariane', both in *L'Amour de loin*, 1988.

FOLLE AVOINE (Les Bois, 35850 Romillé, and/or Le Housset, 35137 Bédée) for Gisèle Prassinos, 'En guise de Préface', 'Sans Façon', 'Œuvrons cachés', 'Confusion', 'Procédé', 'Emploi du temps', 'Pratique', all in *Comment écrivez-vous?*, 1984.

GALLIMARD (5 rue Sébastien-Bottin, 75341 Paris cédex 07) for Marguerite Yourcenar, 'Le poème du joug', 'Poème pour une poupée achetée dans un bazar russe', 'Gares d'émigrants: Italie du Sud', 'Epitaphe, temps de guerre', 'Journaux quotidiens', 'Le visionnaire', 'Intimation', all in *Les Charités d'Alcippe*, 1984. For Céline Zins, 'Aube', 'Que de temps', 'Il portait ses derniers mots', 'Le ciel était là', 'Midi est une coquille vide', 'Océan', all in *L'Arbre et la glycine*, 1992.

LA BARTAVELLE (39 rue Jean Jaurès, 42190 Charlieu) for Claude de Burine, 'Sous la lumière bleue', 'Nous', 'L'autre vie', 'Les hommes noirs', 'La cour', 'Il est tard', 'Une allée sans ombre', all in *Le Passager*, 1993.

LE MERIDIEN/LE MILIEU DU JOUR (17 rue des Grands-Augustins, 75006 Paris) for Jo-Ann Léon, 'Les Demoiselles', 'L'Escargot', 'La Fleur', 'Maîtresse-femme', 'La Poupée', 'Défense', all in *Moments perdus*, 1987.

LIBRAIRIE JOSE CORTI (11 rue de Médicis, 75006 Paris) for Silvia Baron Supervielle, section 'A l'encre', in *L'eau étrangère*, 1993.

MOTUS (Landemer, Urville-Nacqueville, 50460 Querqueville) for Gisèle Prassinos, 'Le pain frais', 'Nulle fleur nul arbre', 'Et pour quel feu', 'C'est le papillon de la mort', 'J'ai un soleil de toi', all in *La Fièvre du labour*, 1989.

OBSIDIANE (11 rue Beaurepaire, 89100 Sens) for Marie-Claire Bancquart, 'Christ jardinier', 'Malade', 'Simple', all in *Sans lieu sinon l'attente*, 1991.

P.O.L. (33 rue St-André-des-Arts, 75006 Paris) for Leslie Kaplan, extract from 'premier cercle', in *L'excès-l'usine*, 1987. For Anne Portugal, three extracts from 'le bain', in *Le plus simple appareil*, 1992.

SEGHERS (24 avenue Marceau, 75008 Paris) for Geneviève Bon, 'Autre', 'La statue', both in *La Vénitienne*; and 'A mon père', in *Le chemin de Samarcande*. All published in *La Vénitienne*, 1990.

SUD: REVUE LITTERAIRE (62 rue Sainte, 13001 Marseille) for Christiane Baroche, 'C'est l'heure vide', 'Attente', 'Les bras étrangers', 'Déclinaison', all in *A La tour abolie: Rimes intérieures II*, 1993.

Authors:

ANDREE CHEDID for 'Désert ou cités' and 'Né de la terre', both unpublished.

JOSEE LAPEYRERE for 'Joyeux combat avec l'ange', unpublished.

JACQUELINE RISSET for 'Instants I : L'Eclair', unpublished.